JENNIFER
FORD BERRY

— ✳ —

ORGANIZE SUA VIDA COM PROPÓSITO

— ✳ —

JENNIFER
FORD BERRY

ORGANIZE SUA VIDA COM PROPÓSITO

OS SEGREDOS DA ARRUMAÇÃO PARA SUA CASA, SEU TEMPO E SUA ESPIRITUALIDADE

NOVO CÉU

Título original: *Make Room: Take Control of Your Space, Time,
Energy, and Money*
© 2022 by Jennifer Ford Berry
Publicado originariamente pela Baker Books, uma divisão
de Baker Publishing Group
PO Box 6287, Grand Rapids, MI 49516-6287

Direitos de edição da obra em língua portuguesa no Brasil adquiridos pela Novo Céu, selo da Editora Nova Fronteira Participações S.A. Todos os direitos reservados. Nenhuma parte desta obra pode ser apropriada e estocada em sistema de banco de dados ou processo similar, em qualquer forma ou meio, seja eletrônico, de fotocópia, gravação etc., sem a permissão do detentor do copirraite.

Todas as referências bíblicas utilizadas nesta obra foram baseadas na Nova Versão Internacional (NVI), a não ser quando expressamente indicado. Alguns nomes de personagens de relatos foram modificados para garantir a privacidade e a segurança das pessoas citadas.

Editora Nova Fronteira Participações S/A
Av. Rio Branco, 115 – Salas 1201 a 1205 – Centro – 20040-004
Rio de Janeiro – RJ – Brasil
Tel.: (21) 3882-8200

Imagem de capa: Vanit Janthra, iStock.

Dados Internacionais de Catalogação na Publicação (CIP)

B5340   Berry, Jennifer Ford
         Organize sua vida com propósito: os segredos da arrumação para sua casa, seu tempo e sua espiritualidade / Jennifer Ford Berry ; traduzido por Aldo dos Santos Menezes.
         – Rio de Janeiro : Novo Céu, 2023.
            144 p. ; 15,5 x 23 cm

         ISBN: 978-65-84786-18-9

         1. Virtudes e valores. I. Menezes, Aldo dos Santos. II. Título.
                                                                CDD: 220
                                                                CDU: 270

André Queiroz – CRB-4/2242

CONHEÇA
OUTROS TÍTULOS
DA EDITORA

SUMÁRIO

Agradecimentos • 7

Apresentação • 9

PARTE I | *Por que abrir espaço*

Possibilidades • 19

Propósito • 31

Posses • 41

PARTE II | *Como abrir espaço*

Prepare-se • 55

Planeje seu tempo • 65

Ponha a bagunça para fora • 77

Ponha a gestão em ação • 97

Privilégio de doar • 107

Providencie hospitalidade • 119

Parceria com Deus • 129

Conclusão • 139

Lista de checagem da hospitalidade • 139

AGRADECIMENTOS

Antes de tudo, a Deus: obrigado por me conceder uma visão para este livro e por me encher de coragem para orientar minha escrita nessa direção. Obrigado por me orientar a colocar em prática meu propósito em todo e cada dia. Por favor, abençoe todas as pessoas que lerem este livro e ajude-as a encontrar a própria trilha para o propósito singular que o Senhor já mostrou a elas.

Aos meus filhos, Randley e Bryceton: Deus ungiu cada um de vocês com habilidades específicas, personalidade e espírito próprios para cumprirem na terra o propósito para o qual ele os designou. Ele enviará as pessoas, os recursos, os dons e a visão para ajudá-los a realizar seus sonhos. Por favor, não os desperdicem. Espero que este livro os inspire a perseguir esse objetivo com toda a sua vida, sem cessar.

Ao meu marido, Josh: eu não seria capaz de colocar em prática meu propósito em todo e cada dia da vida sem seu apoio, seu amor e seu sacrifício. Tenho muito orgulho de nosso casamento e da vida que construímos. Sou eternamente grata por Deus ter nos reunido para viver isso.

APRESENTAÇÃO

Você se sente oprimido por causa de tudo o que precisa fazer ao longo de um dia? Fica exausto de tanto tentar cuidar de todas as coisas que acumulou durante a vida? Falta a você um senso de realização pessoal? Sente como se alguma coisa o prendesse? Se a resposta for positiva, você não está só. Já conheci centenas de pessoas exatamente como você ao longo dos anos, e estou aqui para lhe dizer que há outro jeito, um jeito melhor de enfrentar a jornada da vida.

Se você descobriu que tem cada vez menos tempo e energia para se dedicar às coisas que lhe proporcionam alegria, há grande chance de que precise mudar. Deus não te criou para trabalhar e comprar coisas que escravizam sua vida. Ele não quer que você sinta opressão e estresse. Ele deseja que você tenha alegria, paz e amor em abundância, e não mais coisas materiais.

Nossa sociedade tem sido convencida sistematicamente de que ter mais ou melhores posses vai nos trazer mais felicidade, mais saúde ou mais sucesso. Isso simplesmente não é verdade, mas continuamos tentando provar que funciona. Passamos a maior parte de nossa vida trabalhando para ganhar dinheiro. Aí usamos a maior parte desse dinheiro para pagar pela maior casa possível, que enchemos continuamente com coisas que deveriam melhorar nossa vida de alguma maneira, mas que sempre nos dão a sensação de vazio.

Recentemente, comecei a trabalhar com uma cliente nova. Ao chegar encontrei uma casa linda, novinha e completa, com uma fila de carros brilhando na entrada da garagem, uma vista exuberante e nos fundos uma piscina digna de um *resort*. Ela me recepcionou na entrada, onde ficamos conversando por mais ou menos uns vinte minutos. Durante a conversa, admitiu que sentia muita falta da casa anterior, a ponto de ela e o marido decidirem não vender, mas manter e alugar. Comentei que a casa nova era linda e perguntei por que ela sentia tanta falta da antiga. A cliente continuou me falando das lembranças que guardava. A casa anterior era onde havia criado os três filhos, e onde construiu a vida com o marido, num tempo em que a vida era mais simples.

Quem dera eu tivesse ganhado cem dólares por cada vez que ouvi uma história igual àquela. Acredite ou não, é muito comum. Acho que é porque dizem para nós o tempo todo que, se tivermos *mais*, seremos mais felizes.

A verdade, porém, é bem diferente. Com o tempo, ter cada vez mais coisas proporciona cada vez menos alegria e também pode nos levar a uma sensação de ressentimento. Por quê? Porque tudo o que trazemos para nossa vida tem um custo: ocupa espaço, toma tempo, consome energia, leva dinheiro ou todas essas coisas juntas! Se não acredita em mim, dê uma olhada em sua casa e repare nas diferentes tarefas que cada item que possui exige de você. Veja quanto espaço essas coisas ocupam e quanto dinheiro você tem de gastar só com manutenção. Em seguida, pergunte a si mesma se essas coisas ainda te fazem feliz. Garanto que algumas até fazem, mas a maioria não.

* * * * *

Você tem um propósito determinado para sua vida, um propósito divino, dado por Deus, que nada tem a ver com as coisas que você possui.

Esse propósito combina perfeitamente com seus dons, suas habilidades e sua personalidade. Deus já o tinha em mente para sua vida antes mesmo de você nascer. Se você for capaz de descobrir que propósito é esse e começar a dedicar mais tempo e esforço a ele — e menos às suas posses —, então será uma pessoa muito mais feliz. Só fico imaginando como este mundo seria diferente se mais pessoas se comprometessem a colocar em prática seu propósito singular, alinhado com a vontade de Deus.

Se você escolheu este livro, devo supor que esteja tentando imaginar como seria colocar o propósito na frente das posses no mundo em que vivemos. Bem, posso lhe dizer que é uma questão de escolha de estilo de vida, plena de significado e livre de desordem.

Como organizadora profissional por quase duas décadas, estive em centenas de lares. Já visitei casas lindas, impecáveis, repletas de todo tipo de coisas que você possa imaginar, só para ser recebida por outras pessoas que começam explicando como se sentem oprimidas por tudo aquilo. Com frequência, elas se sentem exauridas por tentar manter todos os seus pertences, e acreditam que, se eu simplesmente organizar tudo para elas, a vida será muito melhor. Até certo ponto isso é verdade. Um lar organizado *vai* fazer você mais feliz, aumentar sua energia e poupar muito tempo. E, confie em mim, eu adoro prestar esse tipo de serviço. (Na verdade, escrevi uma trilogia chamada *Organize Now!* ["Organize já!"], que oferece um passo a passo para colocar em ordem cada área de sua vida e de seu lar.)

Mas a cada vez que iniciamos o processo de organizar nossas coisas, há outro ainda mais profundo acontecendo dentro de nosso espírito: o processo de desapegar-se daquilo que não nos serve mais é uma experiência que fortalece e liberta muito. Organizarmo-nos obriga-nos a reavaliar cada item que levamos para dentro de casa. Conscientiza-nos de quantas coisas possuímos de fato — e de quais delas não precisamos ou nunca usamos. Em algum momento do processo, começamos a perceber que o que realmente queremos é mais liberdade, mais contentamento, mais tempo para as coisas que gostamos de fazer e mais espaço para respirar.

Eu adoro ajudar as pessoas a organizar seus cômodos e armários.

Mas o que amo ainda mais é ensiná-las como viver de maneira determinada e com propósito. Determinação pode nos ajudar a definir o que é mais importante. Propósito nos fornece uma razão para tocar o processo. Quando dispomos dessas duas coisas, é mais fácil remover tudo aquilo que pode ser dispensado.

* * * * *

Possuo o dom de enxergar potencial nas pessoas e nos espaços. Tenho usado os princípios que ensino neste livro para ajudar a transformar centenas de vidas, incluindo a minha, e tenho vivido minha própria jornada no sentido de priorizar pessoas sobre posses ao longo dos últimos vinte anos.

Como pessoa organizada que sou, adoro um bom plano e para ser absurdamente sincera, gosto de assumir o controle. Meu plano original para minha vida incluía me mudar de Nova York para a Flórida, no Sul, para fazer faculdade, de maneira que pudesse me graduar em administração e marketing, o que me capacitaria para trabalhar numa grande empresa estadunidense e ganhar muito dinheiro.

Logo depois de formada me mudei para Charlotte, na Carolina do Norte, por causa de seu mercado emergente. Ali, consegui entrar em uma grande empresa e passei a ter o contracheque que sempre quis, mas ainda não me sentia realizada. Então, meu plano mudou drasticamente.

Estava na redação da rádio ClearChannel, onde trabalhava naquele dia inesquecível: 11 de setembro de 2001. Enquanto assistíamos todos àqueles aviões colidindo contra o World Trade Center, fiquei horrorizada, e me lembro de pensar que não queria mais desperdiçar um minuto sequer da minha vida. Poucos meses depois fui dispensada daquele emprego devido a cortes de custos e me tornei uma jovem mãe desempregada. Sabia que queria mais da minha vida. Com certeza, ainda queria ganhar dinheiro e ter coisas legais, mas também queria acordar toda manhã para fazer alguma coisa que fizesse diferença.

Um dia, enquanto passava pelos corredores de uma livraria, peguei um livro chamado *Do What You Love, the Money Will Follow: Discovering Your Right Livelihood* [*Faça o que ama, o dinheiro vem atrás: descobrindo o jeito certo de se sustentar*], de Marsha Sinetar. Vou ser sincera, minha primeira reação foi rir, pensando: "Então, *tá*. Como vou fazer o que gosto e ainda ganhar dinheiro?" Nas páginas do livro, Marsha insistia em perguntar: "O que desperta sua paixão?"[1]

Precisava responder a muitas perguntas sobre mim mesma. Toda vez que pensava honestamente sobre minha paixão, os termos "organização" e "ajudar mulheres" vinham à minha cabeça. Aquilo me entusiasmou! Minhas memórias mais distantes envolviam organização. Organizava as joias de minha avó toda vez que a visitava. Meu quarto estava sempre em ordem. Eu amava cada aspecto da organização: otimizar espaços, arrumação, divisão por categorias e, o melhor de tudo, a paz e a alegria que eu sentia depois de ver o trabalho completado. Essa paixão era algo que eu trazia dentro de mim antes mesmo de meu nascimento. Só não tinha me dado conta disso ainda.

Talvez hoje você anseie por fazer alguma coisa mais significativa em sua vida, mas não tenha ideia do que seja. Tem muita coisa desorganizada para distrair sua vida: tarefas e responsabilidades, coisas em casa e no ambiente de trabalho, pensamentos negativos que tomam conta de sua mente ou relacionamentos tóxicos que estão sugando sua energia.

Você já sentiu como se devesse estar em uma trilha diferente

---

1 | Sinetar, Marsha. *Do What You Love, the Money Will Follow: Discovering Your Right Livelihood* [Faça o que ama, o dinheiro vem atrás: descobrindo o jeito certo de se sustentar]. Nova York: Dell Publishing, 1989.

neste momento, mas, de alguma maneira, a vida simplesmente vai passando sem que você dê qualquer passo objetivo? Caso a resposta seja positiva, este livro vai te ajudar a começar a viver uma vida com mais significado e propósito enquanto aprende como se desapegar do que é menos importante (vulgo "bagunça") e abrir espaço para o que mais importa.

Mesmo quando comecei a trabalhar como organizadora, não tinha noção de que isso se tornaria um propósito para minha vida. No entanto, depois de anos ajudando pessoas a se organizar, percebi que meu propósito não era produzir casas perfeitas para postar nas mídias sociais, mas ajudar outras pessoas a ver o que é mais importante e, assim, construir seu lar e sua vida em torno disso. Afinal, Deus criou tudo de maneira que chegamos e partimos desta terra de mãos abanando. Podemos continuar acumulando coisas... mas, no fim das contas, essas coisas importam mesmo?

Compartilho minha história porque quero que você se familiarize nela em algum ponto. Quando Deus soprou vida em você, ele também colocou uma ideia em seu coração, tão sua que ninguém mais no mundo inteiro pode realizar tão bem! Talvez ainda não se dê conta disso, mas tem recebido várias pistas ao longo do caminho. Quero te ajudar a encontrar essas pistas e descobrir seu propósito, de maneira que possa começar a colocá-lo em prática a cada dia.

Também sou apaixonada por ensinar pessoas a se desapegar daquilo que deixaram de amar ou usar, e dar para pessoas que realmente precisam! Você sabia que provavelmente existe um abrigo ou instituição no seu bairro ou cidade que poderia usar aquelas cobertas que você mantém no fundo do armário, pegando poeira? E há crianças em sua vizinhança que adorariam os brinquedos que estão esquecidos num baú ou numa caixa.

Não estou dizendo que você deve doar tudo e se tornar uma pessoa minimalista. Quero te incentivar a olhar com mais atenção parar as coisas que possui e encorajar a compartilhar aquilo que não ama ou de que não precisa mais.

* * * * *

Este livro se divide em dez princípios fundamentais: possibilidades, propósito, posses, preparação, planejamento de tempo, pôr a bagunça para fora, pôr a gestão em ação, o privilégio da doação, providenciar hospitalidade e parceria com Deus. Quando se aplica esses princípios à sua vida, você começa a ver resultados cada vez maiores. Este livro vai te ensinar a reconhecer e eliminar a desordem que pode estar desviando sua vida do propósito divino.

Cada capítulo fornecerá uma estratégia para viver de maneira mais determinada. Vai ensiná-lo a aprender a se desapegar das coisas que estão causando desorganização em sua casa e em sua mente, sem sentir culpa. Se você adquiriu este livro porque quer voltar a se sentir mais animada ou animado com a vida, estou muito entusiasmada porque sei que você passará por uma transformação. Há um plano extraordinário esperando por você! Não tenho como lhe dizer que este livro oferecerá todas as respostas que você procura para sua vida, nem que terá instruções exatas sobre o que fazer com todas as suas coisas. Mas posso assegurar que vai inspirar você a sonhar mais, orientar sobre como reconhecer o que está fora de ordem e ensinar a eliminar a bagunça, uma peça de cada vez. Você aprenderá como ganhar mais espaço, tempo, energia e dinheiro na vida. Sua mente se abrirá para novas possibilidades.

Sendo assim, vá em frente: vire a página e mergulhe no conteúdo. Ao fim deste livro, espero que descubra qual é seu propósito e encontre a coragem necessária para colocá-lo em prática, sem desculpas, pelo resto da vida. Lembre-se: não são as coisas que compramos, e sim as que fazemos que deixaremos como legado!

PARTE I

POR QUE ABRIR ESPAÇO

1
Possibilidades

> Jesus olhou para eles e respondeu: "Para o homem é impossível, mas para Deus todas as coisas são possíveis."
> MATEUS 19:26

Você acredita que tudo na vida é possível? Acredita *mesmo*? Você pode parar por um minuto para internalizar as palavras de Jesus? "... mas para Deus todas as coisas são possíveis." Ele não disse "algumas coisas". Ele disse "todas as coisas". Essa declaração não se refere apenas a celebridades, a pastores ou ao seu vizinho. É uma promessa para *todos* nós. Cada um de nós, mesmo quando não a assimilamos totalmente. Mesmo quando não a entendemos. Mesmo quando não cremos.

Amigos e amigas, sei que todos nós podemos passar por momentos de descrença em nossa vida. Mas nossa falta de fé nunca muda as promessas de Deus. E permita-me lembrar que Deus não pode mentir! Sendo assim, assumir essas promessas, essa mentalidade, essas possibilidades para nossa vida, depende basicamente apenas de nós. Se, contudo, perdermos essa oportunidade, não teremos mais ninguém a quem culpar, senão a mesmos.

Será que você é como eu já fui, e também acha graça da ideia de ganhar dinheiro fazendo algo que ama? Sei que há momentos em que é difícil acreditar na possibilidade de certas situações melhorarem. Entendo bem! Não conheço sua história pessoal, mas tenho certeza de que ela o conduziu a formar as opiniões que hoje tem sobre esta vida.

Se crê que tudo é possível, então lhe dou meus parabéns neste momento, pois isso significa que você não permite que a mágoa ou as decepções roubem sua esperança. Só o Senhor sabe as mágoas e as frustrações pelas quais você já passou. Ninguém pode passar pela vida sem enfrentar dificuldades, e, infelizmente, alguns de nós parecem ter de passar por sofrimentos ainda maiores do que outros. No entanto, não importa o que surja, ainda podemos optar por acreditar nas possibilidades, especialmente se cremos em Deus. Com ele, todas as coisas são possíveis.

Assim, neste momento, quero que você ponha de lado todas as suas hesitações por um instante e imagine novas possibilidades. Feche os olhos por mais ou menos cinco minutos, agora mesmo, e então faça esta simples oração enquanto respira fundo:

Senhor, peço que me concedas uma visão de todas as possibilidades para minha vida. Abra meus olhos em áreas que não consigo enxergar. Dá-me tua sabedoria e orientação. Ajuda-me a compreender a vida que desejaste para mim quando me criaste. Mostra-me minha vida a partir de tua perspectiva, Senhor. Oro em nome de Jesus, amém.

Qual é a sua visão?

Uma visão é uma imagem mental daquilo que o futuro pode parecer. Quando criou o universo, Deus imaginou as possibilidades em sua mente. Como as Escrituras nos dizem: "Pela fé entendemos que o universo foi formado pela palavra de Deus, de modo que o que se vê não foi feito do que é visível." (Hebreus 11:3)

Deus gerou uma visão específica e essa visão se tornou realidade. Não é impressionante pensar que a manifestação da imaginação de Deus criou tudo o que agora podemos ver com nossos olhos físicos? E cada um de nós, criados à sua imagem, também temos uma imaginação para usar.

Em seu livro *Poverty, Riches and Wealth* [*Pobreza, riquezas e fortuna*], Kris Vallotton escreve:

> Existe uma coisa muito poderosa que diz respeito à nossa imaginação. É a visão que molda nossa vida e orienta nosso destino. O que você imagina tem um imenso efeito sobre quem você está se tornando. Você está formando seu mundo externo usando seus pensamentos internos.[2]

Para elaborar a visão de sua vida, você precisa primeiro imaginar suas possibilidades. Um dos sinônimos da palavra "possibilidade" é "esperança".[3]

Pense em alguma coisa que você sempre quis, mas que ainda não aconteceu. Agora imagine a possiblidade disso acontecer.

- Como sua vida estaria agora?
- O que teria mudado?
- A quem você poderia ter ajudado?
- O que isso significaria para a próxima geração de sua família?

Agora avance um passo e visualize como você se sentiria se essas coisas tivessem acontecido. Estaria...

- Orgulhoso?
- Feliz?
- Entusiasmado?
- Alegre?
- Aliviado?

---

2 | Vallotton, Kris. *Pobreza, riqueza e prosperidade: Saindo de uma vida de escassez para a verdadeira abundância do Reino*. Brasília: Editora Chara, 2019.
3 | Dicionário Online de Sinônimos (www.sinonimos.com.br/possibilidade/; acessado em 20/12/2022).

Tudo bem, você está pronto. Dedique cinco minutos a colocar no papel seus desejos e sonhos. Comece a orar diariamente sobre essa lista. Coloque em prática sua fé e creia que essas coisas se tornarão realidade no tempo de Deus. Sem imaginar todas as possibilidades, você nunca será capaz de gerar uma visão para a sua vida. Gosto de pensar na visão como um quadro pintado em sua mente, o qual retrata o que você quer para a sua vida. Quanto mais detalhado for esse quadro, melhor!

Sua visão é sua *grande razão*. É um motivo envolvente pelo qual você deseja fazer alguma coisa. Ele lhe aponta a direção, e é o futuro que deseja. Sua visão inclui aquilo em que você crê (seus valores fundamentais). Ter uma visão não apenas te mostra como ser uma pessoa determinada em relação à sua vida, mas também como pode mudar o curso de sua jornada para sempre.

Sonhe, não duvide

Quando foi a última vez que você se permitiu parar para um momento de devaneio? Espero que tenha sido recentemente! Mas descobri que muitas pessoas deixaram de dedicar um bom tempo do dia para sonhar acordadas, desde o tempo em que eram crianças. Quando era uma garotinha, adorava subir em árvores. Como nossa casa ficava no meio de uma floresta, tinha muitas árvores para escolher. Me sentava nos galhos, longe de tudo, e sonhava acordada. Além de ser uma experiência incrível de paz interior, me permitia visualizar meus sonhos se tornando realidade com muita clareza, como se estivesse assistindo a um filme. Era fácil demais fazer isso naquela época, pois tinha menos coisas para distrair minha mente do que hoje. Além disso, me permitia o luxo de ter tempo para isso. Não ficava sentada na árvore pensando: "Melhor eu voltar logo para limpar a casa." É verdade. Sendo adultos, temos menos tempo e mais responsabilidades.

Mas isso não significa que não possamos arranjar tempo para esses devaneios.

Enquanto tiver um sopro de vida, você tem alguma coisa a fazer neste planeta e sonhar acordado vai abrir sua mente para as possibilidades. A escritora Jennie Allen afirma: "Para que nosso coração esteja preparado e apto para sonhar acordado, precisamos cultivar um pouco o solo. Livre-se dos detritos e abra espaço para que as sementes possam brotar."[4]

Recomendo com ênfase que você separe algum tempo para pensar sobre todas as possibilidades para sua vida. Permita apenas que sua imaginação corra solta! Se faça perguntas como estas:

- Se você pudesse fazer alguma coisa com sua vida, o que seria?
- Qual a sua maior paixão?
- O que você ama fazer?
- Em que situação você fica mais alegre?
- Com o que você sempre sonhou?
- Quais são os seus dons?
- O que você faria se soubesse que não poderia falhar?
- Que tipo de contribuição poderia dar ao mundo que seria capaz de fazer você sentir entusiasmado ou muito orgulhoso?
- Que tipo de mãe/pai você deseja ser?
- Como você quer que sua casa seja?
- Que tipo de coisa faz você querer cada vez mais?
- E o que faz você querer cada vez menos?
- Como você deseja ser lembrada ou lembrado quando tiver deixado esta terra?

Marcos 9 conta uma história sobre Jesus curando um jovem possesso. O pai leva o filho a Jesus e implora por misericórdia. Também

---

[4] Allen, Jennie. *Made for This: 40 Days to Living Your Purpose* [Feita para isso: 40 dias para viver seu propósito]. Nashville: Thomas Nelson, 2019, p. 54.

pergunta se Jesus pode ajudá-los. O Filho de Deus responde: "'Se podes?', disse Jesus. 'Tudo é possível àquele que crê.' Imediatamente o pai do menino exclamou: 'Creio, ajuda-me a vencer a minha incredulidade!'" (versículos 23-24).

Tenho de admitir: me sinto aliviada quando leio essa passagem da Bíblia porque também creio e, ainda assim, às vezes tenho de lutar contra minha falta de fé. Aí me sinto culpada pela minha incredulidade. Mas a culpa não me ajuda a seguir em frente nesses momentos difíceis.

Quando começamos a enfrentar esses sentimentos de dúvida, é o exato momento em que é necessário parar e clamar a Deus: "Senhor, ajuda-me a vencer a minha incredulidade!". Dias virão e você sentirá uma enorme motivação sobre as possiblidades para sua vida. Mas também haverá dias nessa jornada rumo a um propósito em que você enfrentará dúvidas e está tudo bem. Quando isso acontecer, saiba que Deus está esperando ansiosamente para derramar mais fé sobre sua vida. A fé é um dom de Deus e quanto mais confiamos nele, mais ela cresce.

Você tem medo de dar um passo na direção de novas possibilidades? Tem receio do que as pessoas vão pensar? Tem a impressão de que está levando uma eternidade para que seus sonhos se tornem realidade?

Eu entendo. Por uns dois anos me senti como se estivesse perdida no limbo. Não escrevia nada. Perdi minha visão. Não conseguia sequer pensar com clareza. Perdi totalmente minha criatividade. Um dia, enquanto circulava em uma loja especializada em trabalhos manuais e artigos para o lar, peguei um quadro com uma daquelas frases famosas (eu adoro essas citações) que dizia: "As coisas estão prestes a melhorar muito." Não pude evitar e comprei. Levei para casa e coloquei no peitoril da janela do meu banheiro, onde poderia vê-lo todo dia. Não sabia o que estava para acontecer, mas sabia que Deus tinha me mostrado aquele quadro para me lembrar de manter minha esperança e minha fé nele. Li aquelas palavras muitas vezes.

Nos dias em que me sentia desmotivada ou impaciente, pensava: "Acho que esse quadro não era Deus falando porque nada está acontecendo." Outros dias, sentia minha fé mais forte e lia a mensagem com toda a esperança de que dispunha.

Do sonho para a realidade

Tudo pronto para sonhar? Aqui estão algumas dicas para começar.

1.
Procure enxergar além de suas circunstâncias atuais. Há muitas fases na vida. Por exemplo, você pode, neste momento, ter filhos pequenos que precisam de sua presença constante em casa para cuidar deles, em vez de gastar dinheiro com uma babá. Olhar além de suas circunstâncias atuais não significa ter de deixar os cuidados com eles imediatamente, mas em breve você entrará em nova fase, como quando eles estiverem em idade escolar. Escrevi o primeiro livro enquanto meu filho mais novo cochilava e o mais velho estava na pré-escola. As fases mudam e a vida acompanha essas mudanças. Você não tem como saber o que o futuro lhe reserva.

2.
Não permita que as opiniões dos outros dirijam seus passos. Quantas histórias você já ouviu sobre pessoas bem-sucedidas que receberam uma centena de "nãos" antes de chegar ao primeiro "sim"? Isso acontece o tempo todo. Por alguma razão, Deus nos dotou de opiniões, personalidades e sonhos diferentes. E adivinhe: isso torna difícil para todos nós estarmos na mesma página ao mesmo tempo. Assim, não há problema nenhum se ninguém mais no mundo entende completamente seu sonho. Na verdade, o que as outras pessoas pensam de seu sonho não

tem nada a ver com sua decisão de persegui-lo ou deixar de fazê-lo. A verdade é que, se Deus coloca um sonho em seu coração, é porque está diretamente ligado ao propósito que ele tem para sua vida. É só isso que você precisa saber.

3.
Pare de se preocupar com suas limitações. Se você tem um sonho em seu coração e não há uma maneira de realizá-lo completamente por conta própria, há grande chance de esse sonho vir mesmo de Deus. Ele quer que você confie nele e peça sua ajuda. Esses sonhos e essas possibilidades do tamanho de Deus são colocados em nosso coração para que possamos ser usados no cumprimento dos objetivos divinos e não dos nossos. Deus tem todos os detalhes já definidos. Ele só precisa de pessoas capazes de assegurar que sua obra seja realizada. Com Deus a seu lado, você não precisa temer por suas limitações. A visão vem antes da provisão. O que é "provisão"? "Prover" (ou "provisionar" ou "abastecer") significa fornecer equipamentos, especialmente para uma jornada. Você vai precisar de ajuda e equipamentos para sua jornada aqui na terra, e Deus é a pessoa perfeita para ajudar com isso. "Então o Senhor respondeu: "Escreva claramente a visão em tabuinhas, para que se leia facilmente. Pois a visão aguarda um tempo designado; ela fala do fim, e não falhará. Ainda que se demore, espere-a; porque ela certamente virá e não se atrasará." (Habacuque 2:2-3) Quando a visão para sua vida se torna bem evidente, a Bíblia orienta a escrevê-la e deixá-la clara. Em seguida, tenha fé! Deus virá até você e proverá as oportunidades para que aquela visão se realize de maneiras que você sequer pode imaginar neste momento. É assim que funciona. Deus adora nos surpreender!

4.
Dedique algum tempo a sonhar e imaginar as possibilidades para sua vida. Permita-se passar tempo sonhando acordada ou

acordado. E então, quando você tiver uma imagem clara em sua mente, elabore um mural da visão ou um diário visual. Olhe para ele e ore a respeito todo santo dia, e então veja o que vai acontecer. Com o tempo, aquelas possibilidades se tornarão realidades.

5.
Seja determinada ou determinado no que diz respeito a disciplinar sua mente para pensar grande. Sua mente controla seu cérebro.[5] Sendo assim, encha-a de informações positivas e alegres, como mensagens de áudio, livros, música e afirmações que manterão seu foco em um potencial mais significativo para seu futuro.

6.
Esgote todos os "e se..." de sua mente. Enquanto estiver sonhando com seu futuro, pense nestas questões:
• E se eu pudesse me sustentar fazendo algo que eu amo?
• E se eu usasse meus dons para ajudar outras pessoas?
• E se eu saísse do meu atual emprego para começar um negócio?
• E se eu pedisse a alguém a quem admiro para falarmos rapidamente por telefone ou conversarmos durante um café?
• E se eu desse um grande passo na direção de meu propósito hoje mesmo?

7.
Não compartilhe grandes ideias com gente que pensa pequeno — é perda de tempo. Pessoas que sempre esperam pelo pior nutrem pouca esperança de um futuro melhor. Elas não ajudarão

---

5 | Leaf, Caroline. *Switch On Your Brain: The Key to Peak Happiness, Thinking, and Health* [*Ligue seu cérebro: a chave para a plenitude da felicidade, dos pensamentos e da saúde*]. Grand Rapids: Baker Books, 2013.

você a chegar aonde pretende. Limite o tempo gasto com gente que enche sua mente com coisas negativas; procure estar com pessoas que vão incentiva-lo a alcançar as estrelas.

8.
Treine sua língua. Acredito que nossos pensamentos influenciam nosso futuro, mas nossas palavras o declaram ao mundo. As palavras têm um tremendo poder! Pare de reclamar de seu futuro e sabotá-lo falando negativamente. Discipline-se para falar positivamente sobre sua vida. Afinal de contas, "... a língua tem poder sobre a vida e sobre a morte." (Provérbios 18:21).

Recapitulando...

Entender que tudo é possível é o primeiro passo na elaboração de uma visão específica para sua vida. Sua visão é sua "grande razão". Trata-se de um motivo envolvente para fazer alguma coisa. Ele aponta a direção, que é o futuro que você deseja. Sua visão inclui aquilo em que se crê (seus valores fundamentais). Além de ensina-lo a ter determinação em relação à vida, ter uma visão também pode mudar o rumo de sua vida para sempre.

2
Propósito

> Mas eu o mantive de pé exatamente com este propósito:
> mostrar-lhe o meu poder e fazer que o meu nome
> seja proclamado em toda a terra.
> ÊXODO 9:16

Note o que Deus afirma em Êxodo 9:16: o propósito dele não é proclamar o nome da pessoa com quem ele está falando. O propósito que Ele tem para sua vida faz parte do plano de proclamar o nome *dele* em toda a terra, assim como sua glória e seu Reino. E Ele quer que *você* seja parte desse plano! Já pensou em como isso é extraordinário e instigante? É emocionante — até o momento em que aquela voz desagradável e demoníaca chega de repente, dizendo: "Por que o Deus de todo o universo iria querer usar logo você?"

Sei disso porque era exatamente assim que eu pensava. E quer saber? Ainda luto contra esse sentimento incômodo de vez em quando. Houve muitos dias (há alguns anos, na verdade, enquanto eu iniciava um novo ministério) em que ouvi aquela mesma sugestão de derrota. Não vou mentir: foram dias bem difíceis. Eu me questionei um milhão de vezes e, para ser bem sincera, cheguei a querer desistir. No entanto, no fundo de minha alma, sei que Deus está trabalhando em minha tenacidade e em minha capacidade de manter-me fiel a Ele ao atravessar os momentos de luta.

Assim, em vez de desistir, penso (na verdade, às vezes até grito): "Hoje não, Satanás!", e continuo insistindo. Felizmente, Deus me presenteou com mestres, livros, palavras, *podcasts* e muitas outras coisas para me relembrar que Ele sempre escolhe pessoas imperfeitas para realizar sua obra. Por quê? Porque somos *todos* imperfeitos! Ao ver alguém fazendo aquilo que você sempre sonhou em fazer, pode ser que aquela pessoa pareça perfeita aos seus olhos. Minha amiga, meu amigo, permita-me dizer: ela *não é*. Apenas começou com um sonho, em seguida trabalhou muito, muito, muito duro. Se foi inteligente, orou e renunciou a muita coisa também. Posso garantir a você que ainda há momentos em que ela pensa: "Quem sou eu para fazer algo assim?", especialmente se ela está envolvida na obra de Deus. O diabo odeia esse tipo de gente.

Propósito é uma coisa que você descobre. Mesmo que não perceba, todo santo dia você está sendo orientada ou orientado na direção de seu propósito. Entretanto, para você enxergar isso, precisa olhar pelo ponto de vista de Deus. Isso significa prestar atenção nas maneiras sutis como Deus trabalha em sua vida. Ele usará todos os meios de que dispõe para alinhar seu caminho com o propósito que tem para você.

Quando você sabe qual é o seu propósito, pode planejar com antecedência e começar cada dia com isso em mente. O propósito molda sua maneira de pensar, como usa seu tempo e o jeito de viver a vida. O propósito de sua vida não é seu emprego ou seu cargo. Empregos e cargos são veículos por meio dos quais você cumpre seu propósito. O propósito de sua vida vem de dentro de você. Foi plantado em seu coração antes mesmo de seu nascimento como parte do plano de Deus para estabelecer seu Reino na terra! Sarah Jakes Roberts afirma:

> Você não escolhe seu propósito. É o propósito que escolhe você. Quando alguma coisa dentro de você se conecta com o que está acontecendo do lado de fora, é um sinal de que uma porção de sua vida é parte da solução. O primeiro passo para o cumprimento de seu propósito é per-

mitir-se ter um. [...] A primeira coisa necessária para compreender o propósito é que ele sempre estará fundamentado em servir para o aprimoramento da humanidade.[6]

Acredito nisso porque creio que Deus já tinha um propósito determinado para nós antes mesmo de nosso nascimento. Ele formou cada um de nós no ventre de nossas mães com uma personalidade definida, um conjunto de dons, percepções e talentos, através dos quais devemos enxergar nosso propósito. Seu plano era perfeito; nós apenas perdemos nosso foco por todas as distrações que encontramos no caminho.

Amigas e amigos, quero lhes dizer que não existe sentimento melhor no universo inteiro do que acordar a cada dia sabendo que você está vivendo segundo seu propósito divino. Isso não só permite que você compartilhe os dons e talentos recebidos de Deus, como também, quando está em verdadeiro alinhamento com a vontade do Senhor para sua vida, seu propósito ajudará outras pessoas. No fundo, quem não quer ajudar a fazer do mundo um lugar melhor? Sem mencionar o fato de que esta é a principal razão pela qual as pessoas são lembradas depois de deixar esta terra: não pelo que elas tinham, mas pelo que elas fizeram! Sei que soa como clichê, mas decidir sobre como você deseja ser lembrada ou lembrado e trabalhar nesse sentido é uma ótima maneira de viver.

O estudo frequente da Palavra de Deus é vital para manter o foco em seu propósito. Recomendo enfaticamente que você se comprometa agora mesmo com a dedicação de um tempo diário específico para a leitura da Bíblia. Isso não apenas vai lhe proporcionar a sabedoria e a percepção de que precisa para cumprir seu propósito — também vai te ajudar a manter o rumo quando a jor-

---

6 | Roberts, Sarah Jakes. *Don't Settle for Safe: Embracing the Uncomfortable to Become Unstoppable* [Não se acomode: assumindo o desconforto para se tornar irrefreável]. Nova York: Harper Collins, 2017, p. 129.

nada se tornar acidentada. Vai auxiliar você na hora de lidar com situações estressantes e levantará seu ânimo quando se sentir abatida ou abatido.

Potencial divino

E se você não tem a menor ideia de qual seja seu propósito neste momento? Antes de tudo, você não está só. Cada pessoa se dá conta de seu propósito de uma maneira diferente e em seu próprio tempo. Em breve te ensinarei alguns passos que podem acelerar esse processo, mas, enquanto isso, saiba que seu propósito terá alguma coisa a ver com servir outras pessoas e fazer uma diferença positiva neste mundo. Será algo que Deus precisa que você faça por Ele. O escritor John Maxwell diz:

> Todo mundo enfrenta dificuldade quando procura realizar seu sonho. E quando uma pessoa falha, ela pode arranjar desculpas pelo o que deu errado, como o inesperado aconteceu, como alguém a decepcionou, como as circunstâncias conspiraram contra ela. Mas a realidade é que os fatores externos não impedem as pessoas. A trilha daqueles que realizam seu sonho não é mais fácil do que a dos outros. Eles apenas assumem uma atitude interna diferente sobre a jornada.[7]

Mesmo que você não possa enxergar claramente agora, isso não significa que não tenha um propósito. Todo mundo nasceu com um propósito. Cada pessoa — e isso inclui você. Trata-se de uma verdade não apenas para as pessoas que já estão viven-

---

7 | Maxwell, John. "Quitting Is More about WHO You Are Than WHERE You Are" ["Desistir tem mais a ver com QUEM você é do que com ONDE você está"]. Extraído do blogue de John C. Maxwell (https://www.johnmaxwell.com/blog/quitting-is-more-about-who-you-are-than-where-you-are/). Acessado em 25/4/2011.

do sua missão. Não é só para os famosos que você segue nas mídias sociais, fazendo as coisas que você sonha fazer. *É para você*. Deus precisa de você para realizar os planos que Ele tem para sua vida. Se não cumprir seu propósito específico, quem fará isso em seu lugar?

Além de viciado, Jason também era traficante de drogas. A família dele estava devastada e muito preocupada. O irmão apresentava sempre a Palavra de Deus a ele, mas Jason não dava muita atenção. Sua mãe continuou orando. Anos se passaram até que, certo dia, as escolhas que ele havia feito o arrastaram ladeira abaixo a ponto de quase perder sua casa, sua mulher e sua família. Por fim, ele decidiu se internar em uma clínica de reabilitação. Certa noite, ajoelhou-se e orou a Deus para que o salvasse. Pela manhã, seu corpo estava completa e irrevogavelmente livre do vício em drogas, sem chance de recaída! Depois do tratamento, ele estava novamente apto a voltar para casa e iniciar uma vida melhor.

Um dia, ele notou um grupo de garotos da vizinhança reunidos perto da entrada de sua garagem e começou a conversar com eles. Naquele momento, Jason não tinha a menor ideia de qual seria o propósito de Deus para sua vida. A partir daquelas conversas, Jason e sua mulher resolveram levar aqueles garotos para acampar. Daremos um salto no tempo para os dias atuais: Jason hoje é pastor da própria igreja com um ministério entre os jovens que está crescendo e tirando meninos das ruas nos sábados à noite, oferecendo alimento, deixando uma mensagem, dedicando um tempo ao louvor e, em seguida, levando-os para suas casas.

Deus tinha um propósito para a vida de Jason o tempo todo, mas enquanto Jason não arrumava a desordem que o vício provocara, não era capaz de colocar o propósito em prática. Ele estava perdido e abatido... só Deus.

* * * * *

Você não precisa fazer orações perfeitas ou entender de tudo. Só tem de começar com uma declaração simples como esta: "Senhor, peço que sua vontade seja feita em minha vida." Se você fizer essa oração todo dia, garanto que não tem erro.

> Da mesma forma o Espírito nos ajuda em nossa fraqueza, pois não sabemos como orar, mas o próprio Espírito intercede por nós com gemidos inexprimíveis. E aquele que sonda os corações conhece a intenção do Espírito, porque o Espírito intercede pelos santos de acordo com a vontade de Deus. Sabemos que Deus age em todas as coisas para o bem daqueles que o amam, dos que foram chamados de acordo com o seu propósito. Pois aqueles que de antemão conheceu, também os predestinou para serem conformes à imagem de seu Filho, a fim de que ele seja o primogênito entre muitos irmãos.
>
> ROMANOS 8:26-29

Confie em Deus, pois Ele age em *todas as coisas* para seu bem. Isso não quer dizer que você terá uma vida perfeita; o mal continua trabalhando contra ele. Mas até isso Deus pode usar. Note que Deus não está trabalhando para te fazer necessariamente feliz o tempo todo; Ele está cumprindo o propósito *dele* por intermédio de sua vida. É por isso que Deus te colocou nesta terra, na esperança de que você realizará esse propósito antes que o Senhor o chame de volta.

A trilha que leva ao propósito

E então, você está preparada ou preparado para descobrir e tomar posse de seu propósito? Estou muito entusiasmada por você! Aqui estão alguns passos que você achará úteis ao tentar descobrir qual o seu propósito ou realizar aquele que Deus já colocou dentro de seu coração. A verdade é que Deus já sabe qual é o seu propósito porque faz parte do plano dele para sua vida desde o início. Ele quer que *você* desperte para isso de maneira que possa se tornar uma bênção para outras pessoas e, consequentemente, glorificá-lo! Não somos donos de nada, nem mesmo de nosso propósito, e sim, cuidadores de tudo.

1.
Sonhe acordada ou acordado. Como mencionei no capítulo anterior, todos nós precisamos de um pouco de devaneio em nossa vida. Pare agora mesmo, feche seus olhos por cinco minutos e imagine: se você pudesse passar mais tempo fazendo alguma coisa, o que seria?

2.
Passe tempo com Deus. Acredito verdadeiramente que Deus tem todas as respostas de que precisamos e se passamos mais tempo com ele, podemos descobrir nosso propósito. Passar tempo lendo a Palavra, em oração e apenas ouvindo a voz de Deus, realmente pode fazer diferença se você está em busca de seu propósito.

3.
Leia, leia, leia e leia um pouco mais. É incrível o quanto podemos aprender com a leitura. Sou uma leitora voraz e estou sempre no meio da leitura de um a três livros ao mesmo tempo. Fiz uma lista no meu computador com os livros que tenho lido ao longo dos anos. Também os classifico para poder me lembrar de quais autores gostei mais na hora de comprar um livro novo. Atualmente estou lendo mais livros de não ficção porque estou disposta a aprender, aprender e aprender cada vez mais!

4.
Pense em podcasts e vídeos como forma de educação continuada. Somos abençoadas e abençoados por viver numa época em

que ao clicar em um botão podemos encontrar informações sobre quase tudo do mundo. Meu conselho é tirar proveito disso. Ouço *podcasts* e assisto a vídeos quase todos os dias. São uma ótima maneira de tomar conhecimento de como as outras pessoas estão vivendo e alcançando sucesso, o que é excelente como fonte de inspiração. Por exemplo, no meu *podcast, The 29 Minute Mom [A mãe 29 minutos]*, os convidados compartilham inspiração, motivação e educação que podem ajudar mães a viver da melhor maneira.[8]

5.
Pergunte às pessoas mais chegadas em que você é bom. Às vezes, as outras pessoas reconhecem nossos dons com mais facilidade que nós mesmos. Pergunte a elas sobre aquilo em que acham que você é boa ou bom. Elas aprenderam alguma coisa com você? Você já as ajudou de alguma maneira no passado?

6.
Vá à luta e tente coisas novas. É difícil saber o que verdadeiramente apaixona você se não tentar coisas novas. Decida o que quer tentar e vá em frente. Talvez queira se inscrever em um curso específico. Se não gostar, tente outra coisa. E tente de novo, de novo e de novo. O poder da vida está em suas decisões, não em sua condição. Você precisa decidir; precisa escolher a vida que deseja viver!

* * * * *

Há poder quando temos Jesus ao nosso lado. Espero que haja um momento em sua vida em que uma luz se acenda e você perceba,

---

[8] | O *podcast The 29 Minute Mom* está disponível em https://jenniferfordberry.com/the-29minutemom/.

no fundo da alma, qual é o seu propósito. Essa é a hora certa para buscar a Deus e orar assim:

Senhor, essa é a sua vontade? Se não é, então, por favor, mostre-me qual é sua vontade para minha vida. E se for, Senhor, peço que permaneça ao meu lado e me mostre o caminho. Peço que me ensine, Senhor. Minha confiança e minha esperança estão no Senhor. Por favor, usa-me para fazer do mundo um lugar melhor. Em nome de Jesus, amém.

Recapitulando...

O propósito de sua vida vem de dentro de você. Foi colocado em seu interior como parte do plano de Deus para o Reino dele antes mesmo de você nascer!

3
Posses

> Não acumulem para vocês tesouros na terra, onde a traça
> e a ferrugem destroem, e onde os ladrões arrombam e furtam. [...]
> Pois onde estiver o seu tesouro, aí também estará o seu coração.
> MATEUS 6:19,21

Quando era uma menininha, Desiree brincava com bonecas Barbie em seu quarto o tempo todo. Ela adorava arrumar a Casa dos Sonhos com mobília, organizando as roupas, os acessórios e as bolsas na malinha e empurrando o carrinho conversível da Barbie por todo lugar. O que Desiree mais gostava era de sonhar em ter uma vida igual àquela quando crescesse. Mal podia esperar para se tornar uma adulta, vivendo em sua própria mansão à beira-mar com um armário cheio de roupas e acessórios de grife, casada com seu lindo "Ken" e dirigindo por aí com a capota do carro abaixada. É claro que ela teria outros automóveis estacionados na entrada da garagem, assim como seu avião particular, um *trailer* e um iate. Só de pensar nisso, ela já ficava feliz.

Veja bem, embora Desiree fosse apenas uma garotinha, ela já havia sido ensinada pela sociedade que as posses eram extremamente importantes. Elas fazem você se sentir uma pessoa rica, poderosa e estimada. Ela foi bombardeada por imagens provando isso em capas de revistas, livros e nos programas de TV aos quais a mãe assistia, como as séries *Dallas* e *Gossip Girl*. As mulheres desses programas não apenas eram magras e lindas, mas também ricas, e moravam em casas cheias de coisas bonitas. Ela só queria ser como aquelas mulheres quando crescesse.

Não acredito que a passagem de Mateus 6 citada no início deste capítulo esteja dizendo que não devemos gostar de coisa alguma na terra, mas acho que nos orienta a ser cuidadosas e cuidadosos sobre aquilo que valorizamos. Devemos ter cuidado para não dar importância demais às coisas que possuímos. Nosso maior tesouro deve ser nosso relacionamento com Deus.

Você acha que suas posses materiais afetam a maneira como se sente a respeito de si e de sua vida? Já se flagrou desejando muito aquela bolsa da moda, aqueles tênis novos ou o último lançamento em equipamentos de cozinha que, com certeza, vai tornar sua vida mais fácil?

Quero que saiba que há um chamado para sua vida, maior do que todas as coisas que você consegue acumular. Sim, estamos aqui para juntar coisas, mas não roupas, aparelhos, documentos ou dinheiro. Devemos acumular sabedoria, lembranças, virtudes, maneiras de fazer a obra de Deus, amor e muito mais. Nada disso tem a ver com a quantidade de coisas materiais dentro de sua casa.

Passei pela experiência de esvaziar inúmeras casas. Os clientes me contratavam para fazer isso por eles quando um ente querido falecia. Também fiz isso na casa de meus avós. É uma experiência muito louca, para ser sincera. Pode ser uma coisa bem pesada. No entanto, a cada vez que fiz isso, os mesmos pensamentos passaram por minha cabeça. Imagino quantas horas aquelas pessoas trabalharam para obter tudo aquilo e quantas horas elas passaram limpando, arrumando e mudando aquelas coisas de lugar. Ainda assim, mesmo que elas tenham dedicado tanto de si àquilo tudo, as coisas continuaram aqui na terra quando elas morreram. Para que serviu tanta coisa? Minha oração sincera é que tudo tenha valido a pena, e que essas coisas materiais tenham proporcionado alegria àquelas pessoas enquanto conviveram com elas. No fim, porém, todos nós deixamos este mundo sem nada nas mãos.

O que importa para Deus é o que levamos em nosso coração e de que maneira contribuímos para fazer do mundo um lugar melhor. Afinal de contas, todas as suas posses passarão um dia, e, a essa altura, o que restará de seu tempo na terra? Quantas pessoas se lembrarão de você? Acredite, você não será lembrada ou lembrado pela quantidade de pares de sapato que comprou (a não ser que seja uma celebridade)! Em vez disso, como a Bíblia diz, "... livremo-nos de tudo o que nos atrapalha e do pecado que nos envolve, e corramos com perseverança a corrida que nos é proposta" (Hebreus 12:1).

Pense em T.E.D.E.

Imagine sua casa. Pense sobre as cores das paredes, o desenho da mobília e as bugigangas espalhadas. Agora pense em como você se sente em relação o seu espaço. Sua casa é um reflexo externo verdadeiro de como você é por dentro? Sua mente parece estar tão bagunçada quanto sua casa? Quanto custaram as coisas que você adquiriu?

Já se deu conta de que tudo o que você comprou ou levou para dentro de casa exige alguma dedicação de tempo (T), espaço (E), dinheiro (D) e/ou energia (E)? Pense nisso. Temos apenas uma cota limitada de T.E.D.E. em nossa vida. Acho super importante que sejamos objetivos na maneira como dedicamos nosso T.E.D.E.

Da próxima vez que você sentir necessidade de comprar uma casa maior, pergunte-se: "De quanto T.E.D.E. estou disposto a abrir mão?" Você concorda em dedicar mais tempo e energia limpando uma casa maior? Quer gastar todo o dinheiro que custa para manter uma residência mais ampla? Está disposto ou disposta a abrir mão do tempo, da energia e do dinheiro que dedicaria a outras áreas de sua vida para ser dono ou dona de uma casa desse tipo?

Falando sério: somos bem ligeiros ao olhar para os prós de ter alguma coisa que queremos. Às vezes, porém, precisamos parar e considerar os contras também.

Enquanto lia o livro *7: An Experimental Mutiny Against Excess* [*7: um motim experimental contra o excesso*], de Jen Hatmaker, esta declaração me fez pensar: "As roupas costumavam me definir quando eu ainda não havia descoberto minha identidade genuína. Quando eu não sabia quem eu era nem qual o meu propósito na terra, eu me vestia como se soubesse."[9] Fico pensando em quantas outras pessoas se identificam com essa situação? Não seria o seu caso?

Em Marcos 10:21, Jesus diz a um jovem rico: "Vá, venda tudo o que você possui e dê o dinheiro aos pobres, e você terá um tesouro no céu. Depois, venha e siga-me." O que você diria se Deus lhe pedisse para vender todas as coisas que possui, mas com a garantia de que você passaria a eternidade no céu com Ele? Você toparia? O engraçado é que não acho que Deus queira mesmo que vendamos tudo o que possuímos. Mas acredito que Ele deseja que sejamos generosos. Acho que Ele quer que abençoemos as pessoas todas as vezes que pudermos. (Vamos mergulhar mais fundo nesse tema mais adiante.)

Faça um balanço

Há uma conexão direta entre ordem externa e paz interior.[10] Se você não acredita em mim, olhe para uma área desorganizada de sua casa por dez minutos. Tome nota de como você se sente com aquilo. Você fica estressado, perturbado, envergonhado ou cansado? Agora, arrume e organize o mesmo espaço e, em seguida, olhe por mais dez minutos. Mais uma vez, analise suas emoções.

---

9 | Hatmaker, Jen. *7: An Experimental Mutiny Against Excess* [*7: um motim experimental contra o excesso*] (edição atualizada). Austin: Hatmaker Partners, 2017, p. 72.

10 | O crédito por esta frase vai para Gretchen Rubin, *Outer Order, Inner Calm: Declutter and Organize to Make More Room for Happiness* [*Ordem externa, paz interior: arrume e organize para abrir espaço para a felicidade*]. New York: Harmony Books, 2019.

Garanto que agora se sente melhor do que antes, provavelmente energizado, feliz, calmo ou mesmo atordoado. É *por isso* que é tão importante ser determinado no que diz respeito às suas posses.

> Agora, assim diz o Senhor dos Exércitos: "Vejam aonde os seus caminhos os levaram.
> Vocês têm plantado muito, e colhido pouco. Vocês comem, mas não se fartam. Bebem, mas não se satisfazem. Vestem-se, mas não se aquecem. Aquele que recebe salário, recebe-o para colocá-lo numa bolsa furada."
>
> Ageu 1:5-6

Esse texto da Escritura me faz lembrar de um princípio que gosto de chamar de "alegria dos cinco minutos": a sensação de alegria ou contentamento que você experimenta quando compra algo. Quantas vezes você já entrou no shopping, comprou alguma coisa e voltou para o carro se sentindo radiante? No caminho para casa você mal pode esperar para levar aquele objeto para dentro e colocá-lo em algum lugar. Ah, que alegria você sente! Pois sabe que aquele artigo vai te fazer sentir feliz.

Agora, avance no tempo — um mês, seis meses, um ano, talvez até mais. Aquele objeto ainda lhe proporciona a mesma alegria toda vez que você passa por ele? Talvez, e se é esse o caso, você fez uma aquisição inteligente. Mas eu aposto que esse não é o caso em 90% das vezes que você compra alguma coisa. De cara, pode ser que você nem se lembre de quais itens dentro de sua casa lhe fizeram se sentir daquele mesmo jeito.

Aqui estão duas formas de identificar seu relacionamento com coisas materiais:

1.
Congele os gastos Se você quer partir para uma atitude radical de verdade, recomendo tentar um congelamento dos gastos. Congelar os gastos significa parar de comprar coisas não essenciais por um tempo. Pode ser muito útil quando você está trabalhando na organização de seu lar. Para começar, sua vida vai ficar mais fácil, pois comprar mais dá mais trabalho! Também vai *virar a chave* em sua mente de maneira que poderá começar a olhar para suas posses de outro jeito. Se você se sente excessivamente oprimida ou oprimido pela bagunça, a melhor coisa que pode fazer é se organizar e reduzir a quantidade de coisas dentro de casa.

2.
Seja mais consciente diante das armadilhas da propaganda
Você sabia que somos bombardeados por cerca de cinco mil mensagens de propaganda por dia? O propósito das mensagens é nos levar a querer mais e pensar que precisamos de mais coisas. As pessoas que elaboram essas mensagens sabem bem como fazer isso. É crucial que estejamos mais conscientes quanto à maneira como essas mensagens nos afetam. A maior parte delas não passa de mentiras: não *precisamos* de mais coisas. Grande parte desses produtos não melhorará nossa vida.

* * * * *

Com frequência, nossa vontade de ter mais ou melhores coisas é, na verdade, um desejo de preencher um vazio que sentimos por dentro. No texto das Escrituras citado anteriormente, Deus usa o profeta Ageu para entregar uma mensagem ao povo de Jerusalém porque as pessoas estavam mais preocupadas em embelezar a própria casa e ganhar coisas do que realizar a obra de Deus, reconstruindo o Templo. Quanto mais trabalhavam, menos elas tinham porque ignoravam a vida espiritual. O mesmo vai acontecer conosco. Podemos trabalhar duro para juntar mais e mais coisas, mas, sem Deus como centro de nossa vida, nunca alcançaremos satisfação. Sempre vamos querer mais e mais porque o verdadeiro contentamento só pode vir de um relacionamento pessoal com nosso Criador.

Quantas vezes por semana você fica rolando tela no Instagram ou no Facebook, ou folheia as páginas de uma revista desejando ter o que outras pessoas possuem? Todos nós fazemos isso em algum ponto da vida, mas tome cuidado para que isso não vire cobiça. *Cobiçar* é desejar as posses de outras pessoas. Vai além de admirar o que elas possuem ou de pensar: "Eu gostaria de ter aquilo." Cobiçar inclui *invejar* ou se sentir ressentida ou ressentido pelo fato de outras pessoas terem o que você não tem. Na sociedade moderna, podemos saber o que os outros possuem como jamais se viu. Nunca foi tão fácil conhecer o interior da casa e da vida das pessoas. Na verdade, os influenciadores das mídias sociais são incentivados a compartilhar o máximo possível! Se você descobrir que está cobiçando as posses das pessoas que segue, talvez seja o momento de deixar de segui-las ou, pelo menos, desligar o celular.

Como organizadora profissional, tenho o privilégio de visitar muitas casas e formular uma visão intimista da vida de meus clientes. Com frequência, fico conhecendo tão bem essas pessoas que acabamos nos tornando amigas. Elas confiam em mim para orientá-las, mas abrem suas contas, seus sistemas e seus recursos. Muitas vezes acabo me transformando em sua maior torcedora.

Perdi a conta das vezes em que recebi uma ligação de uma nova cliente que me apresentou à sua linda casa, com um jardim perfeitamente cuidado e uma fila de carrões na entrada da garagem. Quando estaciono ali, noto que por fora qualquer um poderia pensar que os moradores vivem numa "casa dos sonhos perfeita". No entanto, quando a porta da frente se abre, o que encontro é uma proprietária (geralmente é uma mulher) sobrecarregada.

Dina era uma dessas mulheres. Tinha tudo: três filhos lindos, uma casa imensa e maravilhosa numa vizinhança de alto padrão e um marido muito bem-sucedido como médico. Ela era linda, extremamente inteligente e também tinha se formado em medicina.

Entretanto, a mulher que abriu a porta naquele dia era bem diferente daquela que você imaginaria, considerando suas credenciais. Ela se sentia sobrecarregada, derrotada e muito deprimida. Estava em meio a um processo de separação, desempregada e cuidando de um filho com necessidades especiais sem ninguém para ajudá-la. Sua casa era bonita, mas um desastre total, e sua vida espiritual era um verdadeiro abismo. Me entristeci por Dina naquele primeiro dia, mas consegui entrever as possibilidades para sua vida.

Dina tinha tentado de tudo para salvar seu casamento. Infelizmente, no fim, ela se deu conta de que as coisas nunca mudariam, e estava na hora de seguir em frente e buscar a felicidade com uma visão mais ampla para sua vida. Ela desistiu de sua mansão, assim como de muitas de suas posses, para começar tudo de novo. Eliminou a bagunça dos relacionamentos tóxicos, jogou fora as coisas das quais não gostava, perdeu peso, pagou dívidas e passou a não ligar para a opinião dos outros.

Agora, depois de trabalhar durante muitos anos o luto pelo fim de seu casamento e a imagem que tinha daquilo que sua vida deveria ter sido, fico feliz em dizer que ela também se livrou da bagunça do arrependimento. Dina não apenas voltou a trabalhar como pediatra, como também se deu conta, desde então, de seu propósito de alinhar a pediatria com o apoio às necessidades de crianças com problemas mentais. Seus filhos cresceram e se tornaram jovens adultos felizes, saudáveis e realizados, e ela está apaixonada por um homem cristão que gosta dela como é e das coisas que ela defende. Dina trabalhou muito para melhorar, buscou aconselhamento, organizou a vida e passou muitas, muitas horas restabelecendo seu relacionamento com Deus. Ela está melhor do que nunca, e bem mais feliz do que a mulher que abriu a porta daquela casa para mim no dia em que a conheci.

Dina chegou aonde está hoje porque estava disposta a pedir ajuda quando precisou. Estava comprometida com o crescimento pessoal. Quando ela acabou com a desorganização que a distraía, percebeu que Deus tinha um propósito específico para sua vida.

Tesouro verdadeiro

Jesus ensinou que nossa lealdade deve ser dirigida às coisas que não se desfazem, que não podem ser roubadas ou consumidas pelo tempo e que jamais se desgastam. Não devemos nos deixar fascinar por nossas posses e muito menos permitir que elas tomem conta de nosso ser. Com Deus em nossa vida tudo se torna inútil, não importa quão valioso possa parecer.

Na Bíblia, Deus fala muito sobre a questão das posses. Ele sabe que coisas materiais nunca farão uma pessoa feliz por muito tempo porque só o Senhor pode suprir todas as nossas necessidades. *Idolatria* é o ato de dar mais importância a qualquer coisa do que a Deus. As pessoas no Antigo Testamento foram alertadas sobre a adoração de ídolos. Hoje em dia, temos dificuldade para entender por que aquele povo era tão apegado a ídolos feitos de pedra e madeira. Mas estamos lutando com a mesma situação, apenas de uma maneira diferente. Dinheiro, sucesso, beleza e posses são os ídolos de nosso tempo. Achamos que essas coisas podem nos dar a mesma paz e a mesma alegria que Deus oferece? Confiamos nelas, em vez de confiar em Deus?

Não sei quanto a você, mas, quando Deus explica o que acontece quando obedecemos a seus mandamentos, suas palavras me enchem de alegria:

> Eu me voltarei para vocês e os farei prolíferos; e os multiplicarei e guardarei a minha aliança com vocês. Vocês ainda estarão comendo da colheita armazenada no ano anterior, quando terão de se livrar dela para dar espaço para a nova colheita.
>
> LEVÍTICO 26:9-10

Quando estamos muito dedicados a preencher nossa vida com coisas, deixamos de nos concentrar em ser preenchidos por Deus. Lembre-se: a alegria duradoura não é resultado das coisas que possuímos.

Quando não reconhecemos nossa identidade em Cristo, vamos procurá-la nas coisas que conquistamos ou nas que temos, como nosso emprego, nosso plano de seguridade social, as roupas em nosso armário, nossa casa, nosso carro ou nossos relacionamentos. Mas só encontramos contentamento, alegria e prosperidade reais ao desenvolver nossa vida espiritual, e não colecionando coisas materiais.

Recapitulando...

Tudo o que conquistamos exige de nós certa dedicação de tempo, espaço, dinheiro e energia. E o T.E.D.E. que temos disponível em nossa vida é limitado. Por isso, acho super importante que sejamos muito determinados sobre a maneira como utilizá-lo.

PARTE II

COMO ABRIR ESPAÇO

4
Prepare-se

> Estejam preparados. Vocês lutam
> contra algo muito maior que vocês.
> EFÉSIOS 6:13 (A MENSAGEM)

A preparação faz parte da natureza e do plano de Deus. Ao longo da história, o Senhor vem trabalhando na vida de povos, de nações e nas circunstâncias para preparar as pessoas, individualmente ou em grupos, para as oportunidades, os propósitos e as bênçãos que ele oferece. Podemos ver isso repetidamente na Bíblia. Preparar-se para o sonho que Deus colocou em seu coração é um ato de fé. É uma forma de demonstrar que você confia nele e que, pela fé, sabe que o plano que Ele tem para você será realizado, independentemente de qual seja esse plano. A palavra "preparar" significa "planejar algo de antemão"; "pôr em condições apropriadas algo que se realizará posteriormente".[11] E esse "algo" tem tudo a ver com *propósito*!

Conforme escrevo este livro, também estou em meio às preparações da visão que Deus me deu de usar minha plataforma de organização como um ministério. Quando o Senhor me deu essa visão de ministério pela primeira vez, em setembro de 2017, fui pega um pouco de surpresa.

---

11 | *Michaelis — Dicionário brasileiro da língua portuguesa*. Edição *online*, disponível em: https://michaelis.uol.com.br/moderno-portugues/busca/portugues-brasileiro/preparar/. Acessado em: 10/3/2023.

Sinceramente, não tinha nem ideia de como executar uma visão tão ampla. Mas Ele começou a trazer pessoas, livros e mensagens para minha vida que me ajudaram a ver que tal visão poderia ser realizada com a ajuda divina.

Em maio do ano seguinte, amigos começaram a mencionar que Terri Savelle Foy, uma influenciadora cristã dos Estados Unidos, estava discutindo minha trilogia *Organize Now!* ["Organize já!"] em seu programa de televisão e seu *podcast*. Aquilo era muito estimulante para mim porque eu havia começado a seguir as mídias sociais de Terri em minha jornada em busca de declarações que confirmassem minha visão. Entrei em contato com Terri, e depois de uma série de *e-mails* bem animados, combinamos de nos encontrar pessoalmente durante a Conferência da Vida Equilibrada em Toronto, no Canadá. Naquele fim de semana, descobri a importância da preparação como um ato de antecipação e de agir e falar sobre coisas que já estão acontecendo, embora ainda não sejam visíveis. Agradeço a você, Terri, por me oferecer esse ensinamento! Preparar-se para aquilo que Deus nos diz que vai realizar é uma demonstração de fé e confiança nele.

Dois dias depois, estava ouvindo uma mensagem de Cynthia Brazelton, pastora e líder, ao lado do marido, Tony, de um ministério de apoio a lideranças cristãs nos Estados Unidos. Me tornei uma grande fã dela depois de ouvi-la falar durante a conferência. Como Deus costuma mover as circunstâncias, era exatamente a mensagem que precisava ouvir naquele dia. Cynthia falou sobre a importância de tomar a decisão de seguir a Deus e realizar seu propósito em nossa vida, não importa o que aconteça. Mesmo que você não saiba como isso vai acontecer, é preciso dizer "sim" a Deus e confiar nele. Naquele dia, decidi buscar uma vida ministerial a partir de meu papel como especialista em organização. Devo dizer que, naquele momento, me senti tão entusiasmada quanto apavorada. Eu disse em voz alta: "Está bem, Deus, vamos em frente!"

Há muito o que você pode fazer no sentido de se preparar para seu propósito. Em primeiro lugar, você pode começar fazendo um trabalho de dentro para fora, fortalecendo seu caráter. Acredito firmemente que a parte essencial de qualquer sonho não é o momento de realização, mas a pessoa que você se torna durante o processo.

Deus nos conhece melhor do que nós mesmos. Afinal de contas, Ele nos criou. Ele conhece o futuro, e isso significa que sabe que tipo de pessoa precisaremos ser para sustentar esse sonho quando ele for realizado. Por exemplo, caso você se torne uma pessoa pública, terá de enfrentar críticas. Nem todo mundo vai gostar de você ou concordar com seu ponto de vista — e tudo bem com isso. Assim, Deus quer criar em você um caráter forte, um coração aberto e a ousadia necessária para manter a firmeza quando enfrentar a controvérsia. Deus sempre vai trabalhar para que você se torne a pessoa que Ele precisa para fazer aquilo que Ele deseja que você faça.

Simplesmente comece

Você pode se perguntar por que é necessário se preparar para algo que sequer sabe se vai de fato acontecer. A preparação coloca você no ponto certo para aproveitar uma oportunidade. Libera espaço e tempo em sua vida. Limita suas desculpas por não aproveitar quando as oportunidades batem à porta. Você saberá quando estiver pronta ou pronto porque está se preparando para isso.

Neste momento, Deus está proporcionando a você pequenas oportunidades para desenvolver-se para algo mais importante no futuro. No livro *Você pode realizar seu sonho*,[12] John Maxwell escreve que, antes de começar a realizar coisas grandes, você ainda pode

---

12 | Título original: *Put your Dream to the Test*. Publicado no Brasil pela Thomas Nelson Brasil (N.T.).

encontrar contentamento em fazer as coisas certas. Nenhum ato de generosidade é tão pequeno que não valha a pena. Ele me lembra deste ditado atribuído a São Francisco de Assis: "Comece fazendo o que é necessário; em seguida, o que é possível; e então, de repente, você estará fazendo o impossível."

Aqui estão algumas etapas simples que você pode cumprir para começar a se preparar para seu sonho.

1.
Organize as coisas à sua volta Muitas pessoas acham que não ter um plano proporciona espontaneidade e liberdade à vida. Porém, quando planejamos com sabedoria e colocamos nossa vida em ordem, sentimos mais alegria, menos estresse e uma calma que nos habilita a oferecer mais a Deus. Trata-se de uma grande oportunidade de fazer um levantamento de sua vida e procurar áreas que exigem uma pequena faxina. Talvez você precise fazer uma faxina em sua vida financeira ou necessita de uma melhor administração de seu tempo. Agora pode ser uma boa hora de organizar cada cômodo de sua casa. Seja qual for sua demanda, este é um bom momento de se dedicar a colocar sua vida em ordem, até porque, uma vez descoberto seu propósito, é tudo o que você vai querer fazer, confie em mim!

2.
Declare seu sonho, trazendo-o à existência Falar sobre o que você deseja ver em sua vida como se isso já tivesse acontecido é a chave para que esse sonho se manifeste. Crie uma lista de frases afirmativas sobre sua vida e fale em voz alta todos os dias. Uma das minhas maneiras favoritas de fazer isso é criando uma lista bem no início do ano — algo mais ou menos assim: escrever "o ano que está começando foi o melhor de minha vida porque..." no alto de uma folha de papel. Em seguida, escrevo todas as coisas que quero que aconteçam naquele ano como se já tivessem

acontecido, como: "... o livro *Organize sua vida com propósito* foi um sucesso de vendas".

3.
Proteja sua mente Acredito de verdade que nossos pensamentos podem abençoar ou destruir nosso futuro. Eles podem se tornar nossa realidade. Por exemplo, você pode ter um corpo todo trabalhado e o peso perfeito para sua estrutura física e sua altura. Entretanto, se disser todo dia a você mesma que está gorda, com o tempo vai acreditar mesmo nisso e passar a agir como se fosse uma pessoa obesa (escondendo o corpo sob roupas grandes demais, sentindo-se insegura e por aí afora).

Portanto, é fundamental aprender a controlar sua mente, ocupando-a com mensagens motivacionais e inspiradoras. Como o apóstolo Paulo instrui, você deve fixar seus pensamentos em "tudo o que for verdadeiro, tudo o que for nobre, tudo o que for correto, tudo o que for puro, tudo o que for amável, tudo o que for de boa fama, se houver algo de excelente ou digno de louvor..." (Filipenses 4:8)

Mantenha o curso

Não é fácil se manter no espaço de seu sonho enquanto você ainda não pode vê-lo concretizado. Acredite em mim, eu sei! Pode ser que, em alguns dias você não se sinta preparada ou preparado por uma razão qualquer. Nesses dias, eu repito para mim mesma: "Por que Deus se importaria em me dar uma visão para o futuro que Ele não tenha interesse em ver realizada?" Também procuro me lembrar de que o tempo divino nem sempre é o mesmo que o meu. Mas, convenhamos, somos seres humanos naturalmente impacientes, certo? E assim, sigo em frente, dando um passo de cada vez com diligência, demonstrando ser boa administradora do que

Deus oferece e sendo ousada. Se o seu dia está sendo duro, ligue para alguém que possa incentivá-lo, procure um bom conselho ou ore para que o Espírito Santo lhe proporcione uma dose extra de energia e encorajamento.

A maior distração quando você está tentando se manter na trilha é Satanás. Ele não quer ver seu sucesso quando você está trabalhando com Deus, e fará o que for necessário para criar distrações. Quando começar a organizar a bagunça física de sua vida, não se surpreenda se Satanás distrair você com outras tarefas ou com interrupções. Ele não quer que você se prepare. Por quê? Porque, ao se preparar, você se torna uma pessoa poderosa!

Faça o melhor que puder para evitar a preguiça e o ócio. É essencial que você se permita tempo para descanso, lazer e relaxamento para manter o equilíbrio em sua vida, mas você não foi criada ou criado para ter isso em excesso.

Em 2Tessalonicenses 3, versículos 6 a 7 e 10 a 13, Paulo fala sobre a maneira mais apropriada de viver:

> Irmãos, em nome do nosso Senhor Jesus Cristo nós lhes ordenamos que se afastem de todo irmão que vive ociosamente e não conforme a tradição que receberam de nós. Pois vocês mesmos sabem como devem seguir o nosso exemplo, porque não vivemos ociosamente quando estivemos entre vocês [...] Quando ainda estávamos com vocês, nós lhes ordenamos isto: se alguém não quiser trabalhar, também não coma. Pois ouvimos que alguns de vocês estão ociosos; não trabalham, mas andam se intrometendo na vida alheia. A tais pessoas ordenamos e exortamos no Senhor Jesus Cristo que trabalhem tranquilamente e comam o seu próprio pão. Quanto a vocês, irmãos, nunca se cansem de fazer o bem.

Ele está deixando muito claro que devemos fazer o melhor que pudermos com nossos dons e dedicar nosso tempo fazendo todo o possível para garantir a nossa provisão, assim como a de nossos dependentes. Como mãe, gosto muito disso porque me faz lembrar que devo trabalhar duro; meus filhos estão testemunhando a maneira como vivo. Por várias vezes minhas clientes me disseram: "Não sei como manter uma casa organizada porque nunca aprendi a fazer isso." Acredito firmemente que um de nossos objetivos como pais é ensinar a nossos filhos como serem pessoas responsáveis, trabalhadoras e gratas. Como fazer isso quando não somos o próprio exemplo? A conclusão é que, se descansarmos quando for a hora de descansar e trabalharmos quando for a hora de trabalhar, estaremos vivendo de maneira apropriada.

Lembra-se de quando contei sobre Terri Savelle Foy falar sobre meu livro? Bem, ela mencionou em seu programa como usou o que escrevi para se preparar para o passo seguinte que ela iria dar. Ela falou sobre como andou por todos os cômodos de sua casa e se desfez de coisas das quais não precisava mais. Ela se preparou. Pouco depois, deixou o ministério de seu pai, mudou-se para uma nova cidade e deu início ao próprio ministério em Rockwall, no estado do Texas (EUA).

* * * * *

Minha casa está na mais perfeita ordem. Tudo tem um lugar certo. Não guardo coisas das quais não goste ou que não use. Preciso manter minha casa em ordem porque me distraio facilmente com desordem e sei que não faço o melhor que posso quando me distraio. Mas ainda queria me preparar para minha nova visão de ministério, eliminando qualquer bagunça que poderia me distrair. Queria fazer alguma coisa que mostrasse a Deus que eu estava levando minha decisão a sério. Então decidi remover de meu escritório tudo o que não me ajudasse a criar esse ministério ou escrever este livro. Começar do zero! Joguei fora velhas ideias de negócios, pesquisas relacionadas a livros antigos que eu escrevera e apresentações que não se alinhavam perfeitamente com minha nova visão.

Também me preparei de outras formas. Plantei sementes. Entreguei o dízimo a outros ministérios que eu sentia estarem trabalhando para fazer o Reino de Deus crescer. Dediquei um bocado de tempo à leitura da Palavra. Ouvi *podcasts* todo santo dia enquanto me preparava para trabalhar ou enquanto dirigia. Ouvi outras pessoas que estavam fazendo o que eu queria fazer. Li *muito*.

E essa é a parte legal, minhas amigas e meus amigos: quanto mais eu me *preparava*, mais real a visão parecia — e mais claramente eu conseguia imaginar meus sonhos se tornando realidade.

Recapitulando...

Há muito que você pode fazer para se preparar para cumprir seu propósito. Em primeiro lugar, pode começar de dentro para fora, fortalecendo seu caráter. Acredito mesmo que a parte essencial de qualquer sonho não é o momento em que você o realiza, mas a pessoa que você se torna durante o processo.

5
Planeje seu tempo

> Para tudo há uma ocasião, e um tempo para cada
> propósito debaixo do céu: tempo de nascer e tempo de morrer,
> tempo de plantar e tempo de arrancar o que se plantou...
> ECLESIASTES 3:1-2

Antes de mergulharmos fundo na organização de seu espaço, precisamos conversar sobre uma das principais coisas que achamos nunca termos suficientemente: tempo.

No momento em que escrevo este livro, tenho 19 anos de casada e temos dois filhos adolescentes. Este é o sexto livro que escrevi. Já falei em todos os cantos dos Estados Unidos: programas de televisão e rádio, *podcasts*, conferências, grupos de mulheres e igrejas. Trabalho lado a lado orientando clientes cerca de três dias por semana. Também administro e coordeno um evento semestral chamado Mothertime Marketplace [Mercado Materno], no qual famílias vendem as coisas que seus filhos mais velhos não usam mais. Recentemente, lancei um novo ministério no qual dirigimos uma conferência cristã para adolescentes chamada Blurry [Embaçado] e uma conferência de mulheres chamada Created Order [Ordem Criada].

Por que estou dizendo tudo isso a você? Porque se não tivesse aprendido a habilidade de administrar bem o tempo, nada dessas coisas seria possível. Se não arranjasse tempo para completar cada tarefa necessária para alcançar o objetivo, essas coisas ainda seriam sonhos guardados em minha alma. Na verdade, poderiam ter terminado em um monte de "e se...".

Tempo é a única coisa que é dada a todo mundo de maneira igualitária. Sim, *dada*. Deus nos concedeu esse dom precioso do tempo, mas Ele não garantiu quanto tempo duraria. No entanto, Ele nos deu um tempo razoável e com um objetivo. Você não pode comprar mais tempo nem pedir emprestado. Não importa se você é rico ou pobre, velho ou jovem, se tem estudos ou não, você ainda terá os mesmos 1.440 minutos por dia que todo mundo tem. O mais legal é que você pode usar essa dádiva para criar para si qualquer vida que desejar.

Usando a dádiva do tempo

Como fazer para que possamos ser bem-sucedidos e produtivos na administração do nosso tempo? Vamos dar uma olhada em três palavras simples: *prioridade*, *planejamento* e *produtividade*.

Prioridade

A prioridade começa com uma visão para sua vida. Como mencionei, você precisa dedicar tempo a imaginar as possibilidades. Formar essa imagem determina o tom daquilo que você deseja para sua vida. Com base nessa visão, você pode estabelecer inspirações e objetivos claros. Uma vez estabelecidos esses objetivos, você terá uma ideia clara das prioridades que precisa assumir para alcançá-los. Assim, como começar a priorizar? Em seu livro *Grande magia*, Elizabeth Gilbert afirma que se deve começar

> [tirando da frente] quaisquer obstáculos que impedem você de viver o que há de mais criativo em sua vida, com a simples compreensão de que qualquer coisa que seja ruim para você provavelmente também é ruim para seu trabalho. Você pode deixar a bebida de lado um pouco

para que seu raciocínio fique mais afiado. Você pode nutrir melhores relacionamentos para não se deixar distrair por catástrofes emocionais que você mesma inventa.[13]

Você sabe quais são os seus obstáculos? Primeiro, talvez, você deva perguntar a si mesma: "Quais são minhas maiores prioridades neste exato momento?" Adoro fazer essa pergunta quando estou falando diante de uma plateia. Tem sempre alguém disposto a recitar sua lista de prioridades como um robozinho orgulhoso: "Fé, família, trabalho, saúde e caridade." Nesse momento, eu pergunto: "Quantos de vocês colocam em prática essas prioridades todo dia?" Talvez metade da plateia levante a mão (geralmente, é menos), mas, na maior parte das vezes, ao olhar para o rosto das pessoas, elas me parecem perplexas ao pensar sobre essa pergunta.

Conhecer suas prioridades e colocá-las em prática na vida são duas coisas muito diferentes. As prioridades não se limitam ao que é importante para você; elas são fundamentais quando você pensa na maneira como quer usar seu tempo. As prioridades que você tem agora podem durar seis meses, um ano ou cinco. Depende apenas de seus objetivos.

A verdade é que muitos de nós podemos facilmente falar de cor quais são as nossas prioridades. Se você é mãe, suas prioridades incluirão seus filhos. Se é casada, elas (assim espero) incluirão seu cônjuge. Se você é cristã, as prioridades incluirão Deus. Se você gosta de se manter saudável, incluirão exercícios físicos.

Mas com que frequência você sai com seu cônjuge? Quando foi a última vez que se sentou para ter um momento de quietude com Deus? Com que frequência você faz exercícios físicos?

Eu te encorajo a dedicar algum tempo ainda hoje para pensar sobre as principais prioridades que deseja *colocar em prática*. Suas prioridades devem estar intimamente relacionadas com os hábitos

---

13 | Título original: *Big Magic*. Publicado no Brasil pela Objetiva (N.T.).

que quer formar em sua vida. Se você *quer* que a perda de peso seja uma prioridade, então vai desenvolver o hábito de fazer exercícios regularmente. Elabore cinco ou dez prioridades sobre as quais deve se concentrar pelos próximos seis meses ou um ano. Acha que esse tipo de visão tem a ver com sua vida? Coloque tudo isso numa folha de papel. (Lembra do capítulo 1?)

Aqui estão algumas ideias para manter você motivada:

- Perca uns vinte quilos.
- Apadrinhe ou amadrinhe uma criança.
- Desenvolva seu relacionamento com ....
- Leia por ...... minutos por dia.
- Faça exercícios físicos três vezes por semana.
- Elabore um orçamento para suas finanças pessoais e viva de acordo com ele.
- Acorde mais cedo e dedique tempo à leitura da Palavra de Deus.

As opções são inúmeras! Faça uma lista e coloque em algum lugar que lhe permita vê-la todos os dias, especialmente quando estiver planejando sua semana. Se quiser potencializá-la, ore a respeito de suas prioridades todos os dias.

Respeitar as prioridades geralmente requer trabalho duro, mas o esforço é sempre recompensado porque produz um resultado do qual você vai gostar muito. Olhe cuidadosamente para sua lista e identifique cinco itens que possa executar já esta semana para lhe ajudar a colocar suas prioridades em prática. Por exemplo, se você deseja passar mais tempo junto com sua família, dê início a uma tradição de reuni-la semanalmente para uma noite de diversão ou assuma o compromisso de jantar juntos em volta da mesa todos os dias. Pode ser que você precise renunciar a algumas de suas atividades atuais para dispor de mais tempo para suas prioridades. Está tudo bem. Ninguém consegue dar conta de tudo. Delegue as tarefas menos prioritárias toda vez que for possível de maneira que você tenha tempo para as coisas que realmente importam em sua vida.

Comprometa-se com um contínuo crescimento pessoal e espiritual. Esse tipo de crescimento produz dois resultados:

• Suas prioridades continuarão a se aprimorar e alinhar com seus verdadeiros princípios e crenças à medida que você os descobrir.
• Você se tornará mais atenta ou atento quando deixar de viver de uma forma que não condiz com suas prioridades e seus valores.

Planejamento

O planejamento permite combinar suas prioridades com o período de 24 horas do qual todas as pessoas dispõem. Em outras palavras, sua agenda diária deve sempre refletir suas maiores prioridades. Por exemplo, se o seu objetivo é perder seis quilos, suas prioridades devem incluir exercícios físicos e hábitos alimentares saudáveis. Para isso, você precisará encontrar tempo para se exercitar e planejar suas refeições. É preciso agir de maneira *determinada*. A maioria de nós já ouviu falar do Princípio de Pareto, também conhecido como Regra 80/20: 80% dos resultados que você está tentando alcançar virão de 20% de suas ações. Assim, quando se sentar para planejar seu dia, concentre-se nas tarefas que levarão você a alcançar mais rápido os resultados pretendidos.

Produtividade

A produtividade é muito mais do que fazer um monte de coisas diferentes. Você pode ter uma agenda repleta de atividades, mas isso não garante que você esteja se aproximando mais da realização de seus objetivos ou de suas prioridades. Há uma diferença entre ser produtivo e ser ocupado. Pessoas ocupadas sabem como preencher sua agenda com coisas a fazer, mas as pessoas produtivas sabem como usar seu tempo para realizar essas mesmas coisas. Elas criam sistemas e os colocam em prática o tempo todo. Sabem como eliminar as distrações e manter o foco. Elas sabem da importância de executar seus projetos em tempo hábil para que possam seguir para o próximo objetivo.

Através da leitura da Bíblia, aprendemos que para sermos produtivos para Deus, precisamos obedecer a seus ensinamentos, resistir à tentação, servir e ajudar outras pessoas ativamente e compartilhar nossa fé. Você está sendo produtiva ou produtivo para Deus? Está mantendo o foco em seu propósito maior ou permitindo que as coisas do mundo te distraiam a cada dez minutos?

Se você leva seu propósito a sério, também vai precisar levar a sério seu planejamento de tempo para se tornar uma pessoa produtiva. Improvisar não dá certo. Acredite em mim! Enquanto viver, você terá uma lista de responsabilidades e coisas a fazer, por isso também precisará aprender as melhores práticas para administrá-las. Quanto antes começar, mais cedo se sentirá mais calma ou calmo e no controle quando acordar pela manhã e começar seu dia.

Um conceito-chave para se organizar é entender que tudo o que você tem precisa de um lugar. Esse conceito também se aplica à administração do tempo. Mais importante ainda para o tempo é o fato de que isso também exige um lugar onde você possa registrar seus compromissos e planejar cada dia. Não importa se você prefere usar um caderno tipo *planner* ou um aplicativo em seu celular, desde que mantenha uma só agenda para toda a sua vida. Se você atualmente está usando uma agenda para as coisas da casa e outra para o trabalho, junte as duas. Também é fundamental que sua agenda possa acompanhá-la o tempo todo. Caso contrário, terá de se lembrar de anotar os compromissos mais tarde. Não sei você, mas eu tenho grandes chances de me distrair e acabar esquecendo!

É possível que, neste momento, você se sinta muito sobrecarregada com todas as coisas que precisam ser feitas. Pode ser que acredite não ter sequer o tempo necessário para se sentar e planejar sua semana, mas tenho certeza de que você já passou pela experiência de se sentir frustrada por ter de improvisar sua agenda. Quando foi a última vez que você chegou atrasada ao trabalho por deixar para a última hora a preparação de seu almoço? É preciso recuperar o controle de seu tempo, em vez de permitir que outras pessoas ou circunstâncias o controlem por você. Isso não só irá ajudá-lo a se sentir melhor, mas também a ganhar mais poder.

Para ser bem-sucedida ou bem-sucedido na realização de seu propósito, não confunda atividade com produtividade. Lembre-se, você pode estar muito "ocupada" e nem por isso realizar muitas coisas. Todo mundo está "ocupado", mas como você está usando seu tempo para ser produtiva?

Leia sobre qualquer pessoa que esteja colocando em prática seu propósito e verá um ponto em comum: o uso eficiente do tempo. Se você quer ser bem-sucedida ou bem-sucedido em *qualquer coisa*, precisa aprender como administrar seu tempo com eficiência. Seus objetivos conduzem às suas prioridades, as quais a levam à sua lista de afazeres que, por sua vez, está vinculada à sua agenda.

Objetivos realizados = Prioridades + Lista de afazeres + Agenda

Você está mesmo disposta ou disposto a administrar bem o seu tempo? Espero que sim. A seguir você verá algumas etapas que pode cumprir para te ajudar a administrar seu tempo de maneira mais eficiente.

Uma maneira prática de planejar seu tempo

Há alguns anos promovi uma grande mudança em minha vida: deixei de usar um caderno de planejamento para usar um aplicativo. Nunca pensei que faria isso porque gosto mesmo de *planners* de papel — que tipo de pessoa organizada não gosta, não é verdade? Todo ano ficava ansiosa para escolher o modelo certo. Não tinha nada mais emocionante que aquelas páginas todas em branco ao abrir o *planner*. Mas aquele caderno se tornava uma inconveniência toda vez que esquecia de levá-lo comigo e alguém me perguntava sobre determinada data ou pedia para marcar um compromisso comigo. Além disso, todas aquelas rasuras e manchas de anotações apagadas eram feias.

Serei sincera: a princípio, não tinha certeza de que me daria bem com uma agenda digital. Porém, depois de uns dois meses, comecei a adorar. Descobri que ela proporcionava muitos benefícios:

- Você pode adicionar e reposicionar tarefas com facilidade.
- A mesma agenda pode ser sincronizada com o celular e o computador.
- Você pode visualizar eventos e compromissos recorrentes.
- Você pode determinar tarefas recorrentes com facilidade sem precisar escrever uma a uma.
- Você pode sincronizar sua agenda e compartilhá-la com sua família ou amigos.
- Você pode atribuir códigos de cores e categorias.
- Está sempre com você.

Está pronta ou pronto? Vamos começar.

1.
Crie e organize uma lista de afazeres Pense em sua lista de afazeres como um depósito em seu cérebro: um lugar onde guarda todas as tarefas para não se esquecer de nenhuma delas. A verdade é que você nunca consegue chegar ao fim dessa lista. Enquanto viver nesta terra, terá coisas a fazer. E — quem sabe? — talvez tenhamos de fazer no Céu também! Sendo assim, quero te incentivar a assumir sua lista de afazeres como uma ferramenta que vai ajudar você a fazer o melhor que puder com a vida que lhe foi concedida. Afinal de contas, se você tem coisas a fazer, então pode agradecer a Deus pelo sopro de vida que Ele lhe concedeu. Recomento enfaticamente que você coloque sua lista de afazeres em um formato digital. Se escrevê-la em papel, logo sua lista vai estar bagunçada, e aí terá de perder tempo escrevendo tudo de novo.

Tendo criado sua lista, divida seus afazeres em categorias. Você deve ter uma lista de coisas pessoais, outra de coisas do trabalho e listas separadas para projetos específicos. Categorizá-las te ajuda a manter o foco toda vez que separar um tempo para trabalhar naquela parte de sua vida. Por exemplo, se reservo duas horas para escrever, quero me concentrar na lista dedicada ao meu projeto de escrita atual e não me distrair com afazeres pessoais.

Em seguida, priorizar suas tarefas ajudará você a discernir o que precisa ser feito primeiro. As pessoas frequentemente se sentam, olham para sua lista de afazeres e não têm a menor ideia de por onde começar. Se você prioriza, pode rapidamente visualizar o que precisa de mais atenção. Ensino o método ABC para ajudar a priorizar tarefas:

A = precisa ser feito esta semana.
B = precisa ser feito este mês.
C = precisa ser feito assim que você tiver tempo.

2.
Planeje seus dias Planeje seu tempo a longo prazo. Quanto mais você planejar seu tempo, mais coisas conseguirá realizar. Pegue sua agenda e marque todo compromisso que já esteja agendado, como o expediente de trabalho, as atividades dos filhos, aulas de ginástica, horários da escola, viagens marcadas e assim por diante. Determine um horário e um dia por semana para se sentar e planejar a semana seguinte. Por exemplo, toda sexta-feira às 16 horas ou todo domingo à tarde por volta das 14 horas. Bloqueie esse horário e trate-o como se fosse um compromisso assumido com outra pessoa. Sente-se e determine horários específicos para realizar os afazeres de sua lista.

Por exemplo, você visualiza em sua agenda que terá uma janela de sessenta minutos livres na próxima terça-feira entre o fim do expediente de trabalho e a hora do jogo de vôlei de sua filha. Pode ser uma ótima oportunidade de realizar algumas tarefas da lista. Assim, no caminho para casa, você pode fazer duas ligações importantes: uma para marcar uma consulta com o dentista e outra para ver quando o pintor estará disponível. *Voilà!* Várias tarefas eliminadas da lista.

3.
Crie rotinas Tendo planejado sua agenda, você provavelmente vai notar a existência de tendências e eventos recorrentes. Eles podem ajudar a criar rotinas regulares. Rotinas são formadas a partir de hábitos. Sendo assim, se você não gosta de sua rotina, então precisa mudar seus hábitos. Meu conselho é forçar a barra até dar certo. O que quero dizer com isso é: crie uma rotina que vai te ajudar a viver do jeito que deseja, e então se force a colocá-la em prática por, pelo menos, 21 dias. Leva mais ou menos esse tempo para que se comece a formar um novo hábito. Claro, haverá muitos dias em que você não vai se sentir muito a fim de colocar o novo hábito em prática, mas faça isso mesmo assim

para que se torne algo mais confortável e normal em sua vida. Garanto que vai valer muito a pena.

4.
Preste contas Se você quer mesmo levar a sério o melhor aproveitamento possível do tempo de que dispõe, precisará prestar contas disso a alguém. Um sistema exato de administração de tempo exige muita diligência e autodisciplina. Recomendo que peça a uma ou duas pessoas que ajudem você a manter um sistema de administração de tempo até que isso se torne algo natural em sua vida. Peça para seu cônjuge, a uma amiga ou uma orientadora para que te supervisione regularmente. Permita que comentem seu progresso ou lhe deem um *empurrãozinho* quando precisar. Tenho feito isso com centenas de clientes e, graças a isso, vejo vidas transformadas à medida que sonhos e possibilidades se tornam propósitos verdadeiros cheios de paixão.

Recapitulando...

O tempo é a única coisa dada a todos de maneira igualitária. A maneira como *escolhemos* usá-lo a cada dia é o que determina se viveremos ou não uma vida determinada, produtiva e satisfatória.

6
Ponha a bagunça para fora

*Porque Deus não nos deu o espírito de temor,
mas de fortaleza, e de amor, e de moderação.*
2TIMÓTEO 1:7

Quando as pessoas estão sobrecarregadas por causa da desorganização, elas não estão mentalmente dispostas a ler um livro extenso, como de um romance, para descobrir o que devem fazer. Estão desesperadas por respostas, pensando: "Por favor, alguém me diga o que fazer e eu faço!" Elas se sentem sobrecarregadas porque querem colocar em prática a organização, mas não têm ideia por onde começar ou como vão encontrar tempo para realizar tudo o que precisam. É por isso que escrevi meu primeiro livro num formato tipo passo a passo. O fato de ele estar vendendo bem até hoje me diz que um plano detalhado é exatamente o que as pessoas querem.

Primeiramente, o que é desorganização? Gosto de dizer que a bagunça está disponível em todas as formas e tamanhos. Podem ser muitas coisas: a bagagem reunida nos relacionamentos, nas decepções, nos fracassos, nas dívidas, no excesso de peso, naquela voz negativa em sua cabeça e, o tipo mais notável, nas *coisas*. A desordem pode ser qualquer coisa que não ajuda você a viver o que tem de melhor — e isso sempre lhe traz um custo.

- A desorganização faz com que você se sinta oprimida ou deprimida.
- A desorganização rouba sua energia.

• A desorganização tira 50% de seu espaço disponível para guardar coisas.
• A desorganização torna a vida mais difícil. Você tem de procurar mais, ir mais longe e cavar mais fundo para descobrir o que está procurando.
• A desorganização leva mais tempo para ser eliminada.
• A desorganização custa dinheiro. Se você não é capaz de encontrar o que precisa, compra um substituto. Ou pode ter de pagar para guardar sua bagunça.
• A desorganização torna mais difícil pensar com objetividade.
• A desorganização pode afetar sua autoestima. Você pode se sentir constrangida ou culpada por causa de sua desordem.
• A desorganização influencia seus relacionamentos. Por exemplo, se você se sente envergonhada ou envergonhado por causa da casa bagunçada, é menos provável que convide amigos e familiares para visitá-la.
• A desorganização afugenta a paz e a beleza de um lar.[14]

Sendo assim, por que é tão importante que nos livremos da desorganização? Creio que, em suas muitas formas, ela pode roubar de nós a vida que sempre sonhamos viver. Satanás quer nos distrair com a desordem com o objetivo de nos impedir de fazer a vontade de Deus. Acredita em mim? Quantas vezes você já decidiu acordar cedo pela manhã para poder passar um tempo com Deus, mas acabou se distraindo com outras tarefas? Talvez sua manhã tenha sido mais ou menos assim:

Você ajusta o despertador para acordar uma hora antes hoje. Se levanta e começa a fazer um café. Percebe que tem louça suja dentro

---

14 | Berry, Jennifer Ford. *Organize Now!: A Week-by-Week Guide to Simplify Your Space and Your Life* [*Simplifique já!: Um guia semanal para simplificar seu espaço e sua vida*]. Cincinnati: Betterway Books, 2010, p. 13.

da pia, então começa a lavar tudo enquanto espera que a água ferva para passar o café. Isso te leva a limpar a mesa bagunçada e jogar fora um monte de coisas. Aí finalmente você se senta com o café em uma mão e a Bíblia na outra. Então respira fundo e começa a orar, mas, nesse momento, ouve passos se aproximando porque seus filhos se também se levantaram. Você pensa: "Ok, vou levá-los até a escola, depois volto e faço meu devocional." Uma hora mais tarde, depois de se despedir dos filhos e retornar, é o momento de retomar o devocional. Só que, antes disso, tem de colocar um cesto de roupas na máquina de lavar enquanto passa seu tempo com Deus. Aí decide fazer as camas porque não vai conseguir se concentrar em Deus com toda essa bagunça. Então se lembra de que logo chega a hora do almoço e ainda não deu tempo de falar com o Senhor.

Vamos dar uma olhada novamente em Hebreus 12:1: "Portanto nós também, pois que estamos rodeados de uma tão grande nuvem de testemunhas, deixemos todo o embaraço, e o pecado que tão de perto nos rodeia, e corramos com paciência a carreira que nos está proposta..."

Sim, a desorganização é um problema real. De acordo com um artigo escrito por Kristin McGrath, a principal fonte de desordem em uma casa se origina de:

- Objetos de valor sentimental: 26%
- Papéis: 25%
- Artigos de vestuário: 21%
- Brinquedos e artigos de lazer: 15%
- Livros: 7%
- Aparelhos eletrônicos: 3%
- Outros itens: 2%[15]

---

15 | McGrath, Kristin. "The Big Picture: Decluttering Trends Report 2019", *in* Offers.com: https://www.offers.com/blog/post/big-picture-decluttering-survey/ (publicado em 29 de abril 2019, acessado em 15/1/2023).

Mas a desordem não se resume a "tralhas". Vamos mais fundo nas diferentes coisas que podem estar desorganizando nossa vida.

Desorganização de espaço

A primeira e, talvez, a mais óbvia categoria de desordem é a dos itens que ocupam espaço físico em sua casa. Há duas perguntas fundamentais que precisa fazer a si mesma quando for organizar seu espaço: "Eu gosto muito disso? Eu uso isso?"

Seu lar é o único lugar em todo o universo feito especialmente para você e para as outras pessoas que vivem ali. Por que não fazer dele um lugar de conforto e inspiração para sua vida, e que simplesmente proporcione felicidade quando se entra em casa? Para fazer isso, você precisa aprender a ser bem determinada em relação às coisas que leva para dentro.

1.
Divida em partes menores Minha primeira sugestão é dividir o espaço total de sua casa em partes menores. Analise uma por uma e pergunte a si mesma: "De quais coisas eu gosto muito? O que eu uso?" Quando terminar, remova imediatamente os itens que você não quer manter. Eles muito provavelmente vão ser incluídos em uma destas categorias distintas:

- Lixo: coisas que estão quebradas ou que não servem para mais ninguém.
- Doações: coisas que continuam em boas condições ou funcionando bem e podem ser passadas para outras pessoas (veremos mais sobre isso no capítulo 8).

• **Venda:** coisas que você está disposta a dedicar um tempo para colocar à venda e recuperar pelo menos parte do dinheiro que gastou ao adquiri-las.

Anos atrás, como mencionei, fundei um evento semestral chamado Mothertime Marketplace [Mercado Materno] porque vi o benefício para os pais de reciclar as coisas que seus filhos mais velhos não usam mais. Também sabia que era uma ótima maneira de ganhar dinheiro para os jovens usarem em seus novos interesses! Não sei o que você acha, mas ganhar dinheiro sempre me motiva a me desfazer da minha bagunça. Toda vez que esse tipo de evento acontece, saio pela casa e junto uma pilha de coisas que meus filhos ou minha família não usa mais. Depois da venda, pego o dinheiro que ganhei e coloco na poupança para a faculdade das crianças. Da mesma forma, se você está tentando se livrar das dívidas, uma das maneiras mais fáceis e rápidas de começar a eliminar essas pendências é vender aquilo de que não gosta tanto ou que não precisa mais!

2.
Agrupe as coisas similares O segundo passo para organizar seu espaço é agrupar as coisas que são parecidas. Muitas vezes, você não vai saber exatamente quantos itens você tem de uma categoria, a não ser que os reúna. Por exemplo, se você está organizando documentos, vai precisar reunir papéis espalhados por toda a casa, incluindo os cantos e esconderijos nos quais você possa ter entulhado essa papelada, como gavetas, cestas e armários.

Tendo todas essas coisas reunidas em uma categoria, você pode começar o processo de ordenação e eliminação. Seja honesto em relação a quantas coisas quer e de quais realmente precisa. Repita esse processo para cada uma das várias categorias. Entre as que costumo ver mais espalhadas em uma casa estão embalagens de presentes, calçados, livros, tecidos, jogos/brinquedos e artigos de escritório.

Consolidar essas categorias tornará muito mais fácil para você encontrar o que procura quando precisar de determinado item.

3.
Determine um lugar para todas as coisas A última etapa de qualquer projeto de organização é garantir que todas as coisas que você possui tenham um lugar para ficar. Todos os itens similares dos quais você gosta, ou que costuma usar, ocupam um *espaço específico* em sua casa. Você terá certeza de que seu lar está 100% organizado quando todas as coisas dentro dele tiverem um lugar determinado. Sim, vários itens vão sair de seus lugares, mas quando você tiver terminado de usá-los, deve estar pronta ou pronto para colocá-los de volta com facilidade e rapidez. Vou deixar uma dica: caso não tenha espaço para garantir um lugar para cada coisa que possui em casa, é sinal de que você tem *coisas demais*.

Bagunça mental

A bagunça mental pode cobrar um preço em sua vida e em sua capacidade de alcançar seu propósito maior. Também pode tornar mais difícil se concentrar por mais de alguns minutos de cada vez. Como sociedade, precisamos aprender como deixar de ser esquecidos para focar, não permitindo que as distrações levem a um redemoinho mental. Organizar-se é uma das melhores coisas que se pode fazer para aliviar o estresse, a preocupação e a ansiedade. A mente da maioria das pessoas está tão desorganizada que mal consegue manter o mesmo pensamento por um minuto sem se desviar.

A bagunça mental pode levar você a se sentir:

- Sobrecarregada
- Medrosa
- Estressada
- Cansada

Pense nessas reações comuns à bagunça mental. Qual delas você precisa eliminar de sua vida?

Preocupação e medo

A preocupação e o medo podem nos impedir de realizar uma mudança em nossa vida ou avançar em fé na direção do cumprimento de um objetivo. Podem nos paralisar. Satanás adora usar o medo para nos impedir de dar passos ousados rumo àquilo que Deus nos chamou para fazer, e ele sabe que é fácil nos colocar na trilha do medo. Mas, quando começarmos a entrar nessa vereda, podemos nos lembrar de colocar nossa confiança em nosso Criador e seguir em frente.

Autodepreciação

A autodepreciação é como ter alguém seguindo você o dia inteiro, apontando todos os seus defeitos, ou como uma secretária eletrônica em sua cabeça que só faz repetir as coisas erradas em sua vida o tempo todo. Isso tem grande poder de nos distrair, bem como se trata de uma perda completa de tempo e energia. Podemos pensar em alguns exemplos, como:

- "Meus sonhos nunca vão se realizar."
- "Quem sou eu para ter um chamado tão grandioso para minha vida?"
- "Não sou suficientemente magra, rica ou ousada."
- "Tenho necessidade de agradar todo mundo."

Perfeccionismo

Se você está aguardando pelo "momento ideal" para fazer alguma coisa, vai ficar esperando por toda a vida. *Agora* é a hora para mudar, terminar um relacionamento nocivo, começar um negócio, seguir seu coração ou mesmo escrever um livro. Se não for agora, quando será? Minha amiga, meu amigo, não existe esse negócio de "momento ideal". Sempre haverá questionamentos, dúvidas e medos, mas seguir adiante, apesar dessas coisas, é o que nos impulsiona e ajuda a aprender. Escrevi meu primeiro livro entre as sonecas de meus filhos, preparando o jantar e gerenciando um pequeno comércio de artigos em consignação. Meu filho era um bebê e minha filha ainda estava começando a andar! De maneira alguma era o momento ideal e tem mais: não tinha a menor ideia do que estava fazendo. Apenas comecei a escrever, e então, toda vez que eu tinha uns dez minutos sobrando, colocava alguma coisa a mais no papel (na verdade, tem muito a ver com o processo de escrever este livro agora). A propósito, agora ainda não é o momento "ideal" para eu escrever, mas, se fosse esperar por isso, nunca teria terminado um livro sequer.

Agradar as pessoas

A necessidade de agradar os outros em si não é necessariamente algo ruim. Mas quando chega ao ponto de você fazer isso em detrimento de seus interesses, a coisa se torna um problema. Caso seja obcecada ou obcecado em agradar ou fazê-los gostar de você, saiba que essa é uma forma de bagunça mental.

Problemas nos relacionamentos

Você já entrou em uma discussão com uma amiga ou um familiar e ficou com as palavras usadas na contenda martelando em sua cabeça sem parar? Já se perguntou por que uma amiga se distanciou, mas nunca tratou da questão cara a cara?

Esses pensamentos certamente vão bagunçar sua mente (e muito provavelmente seu espírito também). A melhor maneira de se livrar de boa parte dessa desordem mental é ter uma conversa aberta e honesta com a pessoa com a qual você tem esse relacionamento. Muitas vezes, nossas pressuposições são muito piores do que a realidade.

Gatilhos

Por falar em relacionamentos que podem ter sido prejudicados ou destruídos, gostaria de mencionar alguns gatilhos. Todos nós temos nossos *gatilhos*, ou seja, coisas que podem ativar nossa agressividade. Eles geralmente nascem nos pensamentos — aqueles que costumamos guardar por muito tempo. Pensamentos que, na verdade, não têm tanto a ver com a situação pela qual estamos passando, e sim com nossa percepção da situação. Digamos que você discorde de alguém que ama sobre algum assunto e isso se transforme em um grande problema em seu relacionamento. Alguma coisa que a outra pessoa disse disparou uma reação em você, mas não parou ali. Agora ambos não apenas estão tendo de resolver a questão em particular, mas, no fundo, também estão precisando lidar com coisas passadas que contribuíram para que o problema surgisse. Os dois passaram a brigar por algo muito maior do que a discordância original. O ponto a ser lembrado é este: não permita que seus gatilhos definam sua percepção. Agarre-se à verdade e aos fatos. A percepção é algoz de muitos bons relacionamentos. É muito melhor sentar-se e conversar cara a cara, ouvindo um ao outro com o coração aberto. Permita-se ser vulnerável! Pelo menos, a verdade virá à tona dessa maneira.

Dívidas

A preocupação com dinheiro também pode causar um bocado de bagunça mental. O medo de não ser capaz de pagar sua conta ou, pior ainda, não conseguir alimentar sua família, pode levar você a gastar muito tempo se preocupando. Se está infeliz no emprego atual, pode dedicar um bom tempo pensando sobre como deixar aquele local de trabalho e encontrar uma nova ocupação. Fazer compras pode lhe proporcionar aquela breve alegria de cinco minutos que está procurando, mas, depois, você será bombardeada por pensamentos e sentimentos de culpa por ter gastado tanto dinheiro. Cuidar de sua vida financeira é uma ótima maneira de reduzir a bagunça mental.

Tarefas não terminadas/Falta de gestão do tempo

As tarefas incompletas podem ser as principais responsáveis pela desordem mental. Quando não terminamos tarefas pelas quais somos responsáveis, aquilo fica nos rodeando a cabeça como se fossem nuvens escuras, fazendo com que nos sintamos irresponsáveis e improdutivos. Esses sentimentos consomem a energia de nosso corpo. No entanto, quando dedicamos tempo a fazer o que precisamos, temos a sensação de sermos energizados. Quando se trata de administração de tempo, colocar em prática um sistema que funcione para você é fundamental para viver de forma equilibrada.

Seja qual for o fator que identifique como o responsável por sua bagunça mental, pode ser difícil descobrir como começar a se livrar dele — especialmente se você já está se sentindo estressada e desgastada. Aqui estão algumas dicas para te ajudar a começar.

Dicas para ajudar a eliminar a bagunça mental

1.
Tenha uma ideia clara da visão que você tem de sua vida. Devaneie até elaborar uma descrição bem definida.

2.
Faça um diário. Escrever um diário é uma ferramenta poderosa que nos ajuda a manter a clareza em relação ao que desejamos realizar. Você pode registrar seus pensamentos, sentimentos e até objetivos.

3.
Faça uma faxina mental. Liste tudo o que precisa fazer *e* tudo o que quer fazer. Isso vai ajudar a liberar espaço em sua mente.

4.
Elabore um sistema de organização e cumprimento de tarefas que funcione bem.

5.
Permita-se algum tempo de folga. Quais são as coisas que você mais gosta de fazer para descontrair e relaxar?

6.
Livre-se da culpa, seja ela real ou imaginária. Quando a culpa se apresenta por causa de alguma coisa errada que você fez, é possível se desculpar ou evitar repetir aquele comportamento no

futuro. Mas quando a culpa não está relacionada a um problema real, pode se tornar contraproducente. Analise se os seus padrões pessoais são muito rigorosos.

7.
Simplesmente tome a iniciativa de escolher outra coisa. Se não gosta da maneira como seus pensamentos ou suas ações fazem você se sentir, opte por algo diferente da próxima vez e veja se isso ajuda.

Desordem nos relacionamentos

Ao longo de minha carreira me dei conta de que, ao mesmo tempo que não vejo dificuldade em dispensar coisas materiais, enfrento uma luta quando se trata de pessoas. Meu vínculo com elas é algo que Deus está trabalhando junto comigo para resolver. Nos últimos anos, à medida que minha caminhada com Deus se tornou mais intensa, há alguns relacionamentos em minha vida que mudaram. Serei sincera: lutei muito contra isso. Queria manter essas pessoas em minha vida para sempre. Tentei de tudo: me sentei para conversar, enviei cartas e cartões, mandei mensagens pela internet e orei. Com o tempo, porém, cheguei a algumas conclusões cruciais. Primeiro, um relacionamento não vai funcionar a não ser que ambos estejam totalmente comprometidos com isso. Segundo, alguns relacionamentos só duram por uma razão ou um período, e então é hora de seguir em frente (e tudo bem quanto a isso).

Como é que a bagunça num relacionamento se manifesta? É provável que exista uma longa lista sobre isso em algum lugar, mas aqui estão alguns sinais simples de que você está vivendo um relacionamento bagunçado em sua vida:

• Você está em um relacionamento que prejudica sua autoestima com frequência.
• Você está evitando riscos em relação a certas pessoas de maneira que elas não se sintam inseguras.
• Você dedica tempo a pessoas que não celebram suas conquistas.
• Você está em um relacionamento que faz mais para afastá-la de Deus do que para incentivá-la a se aproximar do Senhor.

Vamos fazer uma breve pausa e pensar sobre o último tópico mencionado. Há relacionamentos em sua vida que sejam mais importantes para você do que Deus? Algum está tomando um tempo que poderia estar sendo usado para o Senhor? Você passa tempo demais se preocupando com eles? Pensando sobre seus problemas ou tentando resolvê-los? Estressando-se por causa deles?

Você é mais influenciada pelas crenças e opiniões dos outros, em vez de buscar um relacionamento íntimo com Deus? Seu relacionamento com o Senhor é extremamente pessoal. Mesmo você e sua melhor amiga ou amigo não vão aprender as mesmas lições ensinadas por Deus ao mesmo tempo.

Por exemplo, há muitos anos duas amigas e eu tivemos uma visão para uma conferência feminina em nossa região. Levamos isso a algumas outras mulheres da igreja e elas decidiram participar. Formamos um comitê que incluía uma das pastoras, e ela nos permitiu realizar a conferência no prédio de nossa igreja. No primeiro ano foi extraordinário! Foi, de fato, um dos melhores dias de minha vida. Estava muito orgulhosa pelo fato de que as mulheres que participaram tinham todo tipo de formação, religião e nível de fé. O segundo ano foi tão bom quanto o primeiro. Porém, no terceiro ano foi como se a igreja tivesse tomado conta do evento, algo que nunca fizera parte de nossa visão. Sabia que o conceito original de Deus era o de que a conferência tivesse um alcance que não estava vinculado a uma denominação ou prédio específico. Queríamos que as mulheres se sentissem à vontade para participar, independentemente de sua igreja ou religião original. Queríamos que elas viessem e conhecessem Jesus sem se sentir julgadas. Durante aquela terceira conferência, tive a convicção de que havíamos permitido que a carne prevalecesse sobre uma visão que Deus havia colocado em nossas mãos. Já não parecia a coisa certa. Passei semanas orando sobre o que fazer e, por fim, entendi que a melhor coisa a fazer seria me afastar. Foi preciso ter uma conversa bem desconfortável com nosso pastor, mas sabia que precisava ser obediente ao chamado de Deus e de mais ninguém.

Quando começar

Sei que pode ser desafiador começar o processo de eliminação da desordem. Desapegar-se da bagunça pode ser um processo emocional, seja porque você se sente sobrecarregada ou sobrecarregado, porque não quer dedicar tempo ou simplesmente não consegue se livrar das coisas. Mas, por favor, não desista por ser algo desafiador ou porque consome tempo. Os benefícios compensarão muito o esforço, garanto. Tenho visto inúmeras pessoas cujas vidas foram transformadas se tornando mais felizes apenas removendo a desorganização que as estava atrapalhando.

Permita-me oferecer dois conselhos para você que está começando a se organizar:

1.
Não guarde coisas por causa da culpa. Por exemplo, se você doar roupas usadas por alguém que faleceu, não se sinta culpada ou culpado. Permita que a lembrança da pessoa permaneça ao doar as roupas a alguém que precisa delas hoje. Você não estará, de forma alguma, diminuindo seu amor por seu ente querido, nem a memória dele.

2.
Não entre no modo "vai que..." ou "e se..." Tenho ouvido muita gente dizer que guarda as coisas por causa de algo que acha que *poderia* acontecer. Por exemplo: "Vou guardar esse móvel para o caso de nos mudarmos para uma casa maior que tenha mais espaço." Viva na casa que você tem agora. Não se preocupe com os "e se..." de sua próxima residência.

Lembro-me de duas coisas distintas de quando conheci Laura, minha cliente (e atualmente minha amiga) há muitos anos. Quando entrei em sua casa, a primeira coisa que ela me falou foi que adorava ser mãe. A segunda foi que precisava aprender a organizar sua casa porque ninguém jamais a ensinara a fazer isso.

Laura foi criada em uma família conhecida que vivia em uma casa abarrotada de coisas. Sua mãe, Illene, com quem também trabalhei, era viciada naqueles arroubos de cinco minutos — o ato de comprar coisas desnecessárias para se sentir feliz. Muitas vezes, porém, depois que Illene voltava para casa, aquelas coisas iam para uma bolsa e nunca mais seriam usadas.

Desde que a conheci, Laura sofria a perda de seu único irmão e de sua mãe. O pai já havia falecido antes de nos conhecermos. Essas perdas fizeram de Laura, aos 42 anos, e de sua irmã as únicas pessoas remanescentes da sua família. Devido a essas mortes, Laura herdou os pertences de Illene, assim como várias coisas de seu irmão, muitas das quais foram levadas para sua casa. A princípio, Laura sentia como se precisasse manter todas aquelas coisas como forma de se apegar à família que tanto amou. Só que era uma responsabilidade grande e isso consumia muito espaço, tempo e energia de Laura. Era importante manter essas coisas durante o tempo de luto. Mas, conforme Laura se recuperou das perdas, ela foi se tornando capaz de ver aqueles itens pelo que eles eram.

Tenho muito orgulho dela. Laura aprendeu como separar sua vida das coisas que possuía, e como decifrar quais daqueles itens contribuíam ou não de alguma maneira para ela. Laura trabalhou no processo de se livrar da culpa que sentia ao se desapegar das posses de sua família. Agora ela sabe que passar essas coisas adiante não reduz seu amor pela família, nem deprecia sua memória. Hoje sua casa é aconchegante, desobstruída e administrável, e tem mais tempo disponível para passar com os filhos e o marido, que é sua prioridade número um. Ela aprendeu a maior lição de sua vida: a vida é curta e passar tempo com as pessoas que se ama é o que realmente importa, muito mais que coisas materiais.

A família de Laura reflete o comportamento de muitas outras com as quais trabalhei com o passar dos anos. Elas possuem tudo o que poderiam querer e, ainda assim, se sentem sobrecarregadas. Suas coisas não lhes proporcionam alegria. A falta de espaço, tempo e energia provoca estresse e, depois de um tempo, as coisas materiais começam a sufocá-las porque são *excessivas*.

Lembre-se: organizar é o processo de decidir o que é mais importante para você e, em seguida, livrar-se do que é menos importante. Isso pode te ajudar a considerar apenas o que mais importa, seja física ou espiritualmente. Como o apóstolo Paulo disse ao jovem Timóteo, "mas é grande ganho a piedade com contentamento. Porque nada trouxemos para este mundo, e manifesto é que nada podemos levar dele" (1Timóteo 6:6-7).

Não é impressionante? Sabemos disso, mas não vivemos dessa maneira. Por quê? Talvez porque acreditemos nas mentiras que este mundo nos conta, as mentiras que as empresas de marketing pagam muito dinheiro para nos induzir a comprar coisas: "Você precisa disso. Se comprar isso, se tornará uma pessoa mais importante, mais influente, ficará mais magra, mais saudável, mais organizada, mais respeitada, e ainda vai economizar tempo." Acreditamos mais na mentalidade segundo a qual "quem tem mais brinquedos ganha" do que cremos naquilo que Deus nos diz.

Por que isso de não podermos levar nada conosco quando deixamos este planeta? Para começar, acredito que seja porque nada é nosso. Tudo pertence a Deus. Ele deseja que vivamos aqui até a próxima geração, e a geração que virá depois.

O processo de se desapegar da desordem não é algo que acontece do dia para a noite. É um projeto que precisa ser desmembrado em etapas específicas. Minha oração para você é que possa aproveitar esse processo e não seja engolido ou engolida por esse trabalho. Muitas vezes, as pessoas perdem logo o entusiasmo porque estão tentando fazer tudo às pressas. Mas qualquer coisa que vale a pena exige tempo, paciência e perseverança.

Você consegue! Acredito em você, e estou ansiosa para que colha os benefícios de colocar sua casa em ordem. Aqui estão três passos que pode dar para começar.

1.
Crie um plano A primeira coisa de que precisa é um plano de ação. Colocar um plano de organização no papel ou no computador te ajudará a se sentir no controle novamente. Comece fazendo uma lista principal de cada espaço de sua casa que precisa ser organizado. Por exemplo:

- Cozinha
- Antessala
- Sala de estar
- Armário do quarto principal
- Banheiro principal
- Quarto das crianças
- Banheiro das crianças
- Escritório

Se o cômodo está muito desorganizado, divida-o em zonas. Por exemplo, a cozinha pode ser dividida entre pia, armários, gavetas, despensa, geladeira e assim por diante.

2.
Determine um horário para organizar as coisas Esse processo pode levar certo tempo, por isso não se importe se progredir aos poucos. Concentre-se em uma área de cada vez, completando-a antes de passar para a seguinte. Depois de fazer sua lista, agende horários em seu caderno de planejamento para cada área da lista. Se você determinar uma hora, programe o despertador para ser alertada ou alertado quando o tempo acabar. Quando ele tocar, orgulhe-se de ter completado a tarefa em tempo hábil e passe para outra parte. Com o tempo, essas tarefas individuais vão contribuir para o cumprimento de projetos maiores.

3.
Peça ajuda Se ainda está achando tudo isso desafiador demais para começar, peça ajuda. Talvez você tenha uma amiga ou alguém da família que seja bom em organizar coisas. Caso não conheça ninguém, contrate um profissional. Somos especialistas em acabar com a desordem. Eu mesmo faço parte de uma rede fantástica chamada Faithful Organizers [Organizadores Fiéis].

Por fim, leve a sério esse projeto de se livrar de qualquer desordem que possa se colocar entre seu caminho com Deus. Esse processo vai mostrar ao Senhor que você está pronta para ser usada por ele para realizar mais coisas. E da próxima vez que estiver passeando pelo shopping, diga para si mesma: "Tenho tudo o que preciso e ainda mais."

Recapitulando...

Desapegar-se da desordem é o processo de decidir o que não lhe serve mais e, em seguida, livrar-se disso e abrir espaço para coisas que lhe servirão melhor. É um projeto que precisa ser desmembrado em etapas específicas.

7
Ponha a gestão em ação

> Do Senhor é a terra e tudo o que nela existe,
> o mundo e os que nele vivem.
> SALMOS 24:1

Infelizmente, a maior parte de nós só ouve a respeito de gestão durante os cultos focados em orçamentos e projetos de construção de prédios. Mas a gestão vai muito além disso. A Bíblia diz que somos administradores deste mundo. Em 1Pedro 4:10 lemos: "Cada um administre aos outros o dom como o recebeu, como bons despenseiros da multiforme graça de Deus." Isso significa que somos responsáveis por gerir aquilo que Deus nos deu. Ele colocou muita coisa em nossas mãos! O mais importante: Ele depositou sua confiança em nós.

Mike Richards faz mesmo um ótimo trabalho ao explicar a ideia por trás da gestão:

> Uma chave para entender a conexão entre fé e as coisas materiais reside na distinção entre ser *dono* ou *administrador* dessas coisas. A ideia de *propriedade* está profundamente enraizada em nossa cultura e sociedade. Isso é evidente mesmo entre crianças muito pequenas [e] carregamos o direito de propriedade até a adolescência e idade adulta à medida que priorizamos nosso tempo e nosso dinheiro para comprar mais coisas [...] Essa mentalidade de propriedade não corresponde à fé em Cristo. Não é possível crescer na fé em Cristo de maneira separada da realidade material em que vivemos. Quanto mais entendemos Jesus

Cristo como nosso Salvador, menos nos apegamos às posses materiais ou, melhor ainda, menos apego a posses materiais se verá em nós.[16]

Precisamos permitir que Deus nos tire de uma mentalidade de propriedade para outra de gestão. Tudo muda quando entendemos as coisas materiais a partir dessa perspectiva. Conforme permito que Cristo assuma seu lugar de direito como dono de tudo em minha vida, não apenas assino embaixo que minha vida espiritual pertence a Ele, como também os aspectos físicos e materiais. Isso significa que saio da condição de dona para me tornar administradora. Como gestora começo perguntando: "O que Deus deseja que eu faça com isso?"; em seguida: "Como Ele desejaria que eu tratasse essa questão?" Em vez de me apegar às minhas coisas como uma criança, procuro maneiras de usar, compartilhar e investir o que Ele me confiou para sua glória, seus propósitos e seu Reino.

Como ficamos?

Gestão, para mim, é mostrar para Deus que sou grata pelas coisas que Ele já me deu sendo responsável, capaz e confiável com aquilo que me foi colocado nas mãos. Ser uma boa gestora também demonstra a Deus que posso lidar com maiores responsabilidades. Você já parou para pensar se está sendo uma boa gestora em sua vida? Eis aqui algumas perguntas que podem fazer você elaborar a resposta:

• Suas roupas estão limpas e guardadas ou estão amontoadas em uma pilha no fundo de seu armário?

---

16 | Richards, Mike. "Stuffology: The Theology of Stewardship" ["Coisologia: a teologia da gestão"], *in* Crosspoint Church. Disponível em: https://www.cross-point.org/content.cfm?page_content=blogs_include.cfm&friendly_name=stewardship. Acessado em: 28/11/2016.

- Você administra suas compras de alimento comprando os itens de maneira eficiente ou desperdiça comida toda semana, deixando-a passar da validade ou estragar antes de usá-la nas refeições?
- Você está encontrando dificuldade em manter sua casa pequena ao mesmo tempo que ora para que Deus te abençoe com uma maior?
- Você mantém a limpeza daquele carro que você queria ou permite que sua família (e você também) coma dentro dele, deixando lixo no interior do veículo ou mesmo raramente o lavando?

Pois todos nós estaremos diante do trono de julgamento de Deus. Sua Palavra nos diz: "Porque está escrito: 'Por mim mesmo jurei', diz o Senhor, 'diante de mim todo joelho se dobrará e toda língua confessará que sou Deus.' Assim, cada um de nós prestará contas de si mesmo a Deus." (Romanos 14:11-12)

Quando chegarmos ao fim de nossa vida, vendo o Senhor face a face no Céu, seremos cobrados a prestar contas da maneira como usamos nosso tempo na terra. Nesse momento, Deus não vai querer ouvir uma lista de desculpas.

- "Não tive tempo de fazer isso ou assumir a responsabilidade sobre aquilo."
- "Não tinha certeza do que deveria fazer."
- "Meus filhos e meu cônjuge me distraíam demais."
- "Não gostava disso."

Não, isso não vai funcionar. Deus vai somente querer saber o que fizemos com o que Ele nos deu. Reclamamos de nosso emprego ou fomos gratos por ele? Amamos com todo o nosso ser ou guardamos ressentimentos? Fomos preguiçosos ou trabalhamos duro todos os dias, colocando a gestão em prática?

Esses são os tipos de perguntas que me vêm à cabeça quando penso na conversa mais importante que terei! Se viver oferecendo o máximo de minhas capacidades, será inacreditavelmente gratificante ouvir algo mais ou menos assim: "Muito bem, servo bom e fiel! Você foi fiel no pouco; eu o porei sobre o muito. Venha e participe da alegria do seu senhor." (Mateus 25:23)

Você consegue imaginar Deus lhe dizendo essas palavras? Pessoalmente, não sou capaz de conceber qualquer coisa mais emocionante. A enorme satisfação e o orgulho que sentiria seria de tirar o fôlego. Quando pensamos em quanta coisa Cristo abriu mão por nós, devemos ser capazes de entregar o máximo de nós aqui na terra. Afinal de contas, esta vida que nos foi dada é uma dádiva preciosa e deve ser tratada com muita determinação e responsabilidade.

> Tudo o que fizerem, façam de todo o coração, como para o Senhor, e não para os homens, sabendo que receberão do Senhor a recompensa da herança. É a Cristo, o Senhor, que vocês estão servindo (Colossenses 3:23-24).

Você pode começar ainda hoje mostrando a Deus que é capaz de lidar com mais responsabilidades ao cuidar bem daquilo que já possui. Se uma família lhe foi concedida, você é responsável, aos olhos de Deus, por cuidar bem dela. Se recebeu uma casa, sua responsabilidade é mantê-la limpa, fazendo os reparos e abrindo suas portas para outras pessoas em necessidade. Se Deus lhe deu dinheiro, Ele pede a você que compartilhe uma parte com outras pessoas, economize alguma coisa e gaste o restante com sabedoria. Há muitos anos, eu e meu marido fizemos o curso Universidade da Tranquilidade Financeira, criado por Dave Ramsey, um escritor, radialista e especialista da área financeira estadunidense. Amo o que Dave ensina. Se você colocar em prática o princípio 80/10/10 ao administrar seu dinheiro, não vai se arrepender: gaste 80%, economize 10% e doe 10%.

Aonde ir a partir daqui

Anos atrás, estava andando na praia com uma velha amiga a quem não via fazia muito tempo. Sempre pensei nela como uma mentora espiritual e aprendi muito com ela quando estava na casa dos vinte anos. Estávamos colocando o papo em dia, falando sobre a vida. Ela estava em pleno processo de mudança de casa e reclamou comigo do trabalho que dava encaixotar tudo da residência anterior e abrir as caixas na nova. Por causa disso, ela andava de mau humor, embora fosse a primeira vez que nos reuníamos depois de dez anos! Perguntei por que estava se mudando. Minha amiga explicou que ela e o marido estavam passando por dificuldades financeiras. Ela havia orado e pedido a Deus que os ajudasse a sair daquela situação e ficou impressionada quando a moradia perfeita ficou disponível, então eles venderam a casa em que moravam por um preço superior ao da avaliação. O dinheiro que conseguiram era exatamente o que precisavam para pagar suas dívidas e aliviar um bocado de estresse na vida do casal.

Naquele momento parei de caminhar com ela na praia e perguntei: "Por que você está reclamando exatamente daquilo que pediu que Deus lhe concedesse?" No início ela pareceu confusa. Prossegui: "Deus agiu de maneira benevolente e respondeu suas orações, e agora você só faz reclamar porque isso envolve algum trabalho? É óbvio que, se você pede uma casa nova, é de se esperar que precise encaixotar suas coisas e mudar!"

Todos nós precisamos ser muito cuidadosos quando se trata de reclamar da responsabilidade que advém da resposta recebida por alguma oração. Um dos mais importantes fatores que compõem a gestão é a gratidão. Deus ama nos abençoar, mas Ele gosta ainda mais quando somos gratos pelo que recebemos!

Você é a administradora de tudo com que Deus a abençoou. Agora, algum leitor ou leitora pode estar pensando assim: "Como é que foi Deus quem me abençoou com esta casa? Fui eu quem trabalhou duro e ganhou o dinheiro para pagá-la." Mas você já parou para pensar desta maneira? A casa ideal para sua família ficou disponível no mercado exatamente na hora certa. Deus ajudou você a conseguir o emprego de que precisava para ajudar a pagar essa casa. Talvez tenha colocado as pessoas certas em seu caminho, ou te ajudou a permanecer calmo durante a entrevista com o vendedor.

Às vezes deixamos de perceber certas coisas que Deus fez para nos ajudar a chegar aonde estamos hoje: as oportunidades que alinhou para nós, as pessoas que colocou em nosso caminho, a graça que derramou sobre nós na hora certa — a hora certa *dele*, não a nossa.

Quando Deus nos abençoa com dinheiro, oportunidades ou coisas materiais, temos de ser cuidadosos para não usá-las como maneira de impressionar os outros, e sim, abençoá-los. Se formos boas gestoras ou bons gestores, doaremos muito mais porque é uma forma de mostrar para Deus que somos fiéis com aquilo que Ele já nos concede.

Colocar a gestão em prática nem sempre é fácil ou conveniente, mas é imperativo, se queremos viver com um propósito. Aqui estão alguns passos úteis que você pode dar para se tornar uma gestora ou um gestor melhor.

1.
Seja grata ou grato pelo que você já tem Se você ainda não está fazendo isso, incentivo a olhar para todos os seus pertences como bênçãos dadas por Deus. A Bíblia diz que tudo acontece no tempo certo. Isso significa que não há coincidências. Pare agora mesmo e agradeça a Deus por todas as bênçãos que lhe concedeu. Olhe em volta e seja grata ou grato! Faça uma oração de agradecimento pelas coisas que já possui.

2.
Não seja esbanjadora ou esbanjador; use o que você já tem
Como organizadora profissional, em muitas casas que já visitei testemunhei muitos casos de consumismo exagerado. Com frequência vejo uma grande variedade de categorias de produtos, como maquiagem, livros, roupas, comidas, suplementos, calçados, entre outras. Se você já tem alguma coisa específica em sua casa, pode tranquilamente viver sem comprar mais. Te incentivo a começar a tentar usar o que já possui. Você não apenas vai economizar, por exemplo, em sua despesa mensal com compras de alimentos, como também vai desperdiçar menos. Parte da responsabilidade de ser uma boa gestora é saber o que possui e quando precisa de mais.

3.
Planeje seu futuro financeiro Crie uma planilha com todas as suas dívidas. Escreva o que comprou anotando cada data específica em que o compromisso deve ser pago. Em seguida, escreva suas metas para economizar. Ore e peça a Deus que lhe mostre maneiras de ganhar e guardar dinheiro. Há várias planilhas desse tipo disponíveis na internet.

4.
Plante sementes Certa vez ouvi Terri Savelle Foy dizer: "Enquanto nossa tendência é de nos concentrarmos no que precisamos, Deus se concentra no que pode ser semeado." Amo isso. Quando você levar a sério essa ideia de aumentar seus recursos financeiros, vai querer plantar sementes. Uma "semente" ou oferta de fé é o dinheiro que se entrega por fé e Deus vai multiplicar e devolvê-lo a quem doou. Encorajo você a pesquisar um pouco sobre a ideia de semeadura e colheita. A Bíblia é muito detalhada no que diz respeito a essa questão. Por exemplo:

Não se deixem enganar: de Deus não se zomba. Pois o que o homem semear, isso também colherá. Quem semeia para a sua carne, da carne colherá destruição; mas quem semeia para o Espírito, do Espírito colherá a vida eterna.

GÁLATAS 6:7-8

Lembrem-se: aquele que semeia pouco também colherá pouco, e aquele que semeia com fartura também colherá fartamente. Cada um dê conforme determinou em seu coração, não com pesar ou por obrigação, pois Deus ama quem dá com alegria. E Deus é poderoso para fazer que lhes seja acrescentada toda a graça, para que em todas as coisas, em todo o tempo, tendo tudo o que é necessário, vocês transbordem em toda boa obra.

2CORÍNTIOS 9:6-8

Portanto, quando você der esmola, não anuncie isso com trombetas, como fazem os hipócritas nas sinagogas e nas ruas, a fim de serem honrados pelos outros. Eu lhes garanto que eles já receberam sua plena recompensa. Mas quando você der esmola, que a sua mão esquerda não saiba o que está fazendo a direita, de forma que você preste a sua ajuda em segredo. E seu Pai, que vê o que é feito em segredo, o recompensará.

MATEUS 6:2-4

Em outras palavras, você recebe tanto quanto ou menos do que doa. Se vê suas posses como bênçãos de Deus e assume uma atitude de alguém que cuida do que pertence a Ele, então você disponibilizará mais do que tem para outros.

Recapitulando...

Aprender a ver todas as coisas que possui como bênçãos dadas por Deus ajudará você a prezar mais pela responsabilidade que advém do fato de ser abençoada. A boa gestão demonstra a Deus que você preza aquilo que Ele concedeu e que está disposta a cuidar de maneira apropriada dessas coisas.

8
Privilégio de doar

> Deem, e lhes será dado: uma boa medida, calcada,
> sacudida e transbordante será dada a vocês. Pois
> a medida que usarem também será usada para medir vocês.
> LUCAS 6:38

No capítulo 6 de Lucas, Jesus claramente nos diz que, se temos mais do que precisamos, devemos doar a alguém que tem uma necessidade maior. Agora, num primeiro momento, você pode se sentir um pouco apegada ou apegado a seus bens materiais. Essas coisas fazem você se sentir feliz ou importante, mas, pela fé, devemos crer em Jesus. Ele não está dizendo isso para nos roubar ou punir; é para nos abençoar ainda mais. É assim que ele opera, amém! Creio que sua Palavra é verdadeira: à medida que doar, receberei. Espírito Santo, por favor, ajude-nos a ter a coragem de doar mesmo que, a princípio, pareça cômodo.

Há uma grande quantidade de "coisas" neste mundo que acabam sendo desperdiçadas. Independentemente de serem jogadas fora ou serem mantidas em sua casa, apesar de ninguém as usar ou gostar delas, continuarão sendo desperdício se não estiverem nas mãos daqueles que mais precisam. Se você vive em uma situação na qual possui a capacidade de compartilhar seu tempo, seu dinheiro, suas posses ou recursos, então é uma pessoa abençoada e capaz de colocar o privilégio da doação em prática.

Não se sente privilegiada? Aqui estão algumas estatísticas atuais que podem mudar sua opinião sobre quão privilegiada é:

- Mais de uma em cada dez pessoas no planeta — 844 milhões — sofrem com a falta de acesso a água potável.
- Todos os dias mais de oitocentas crianças abaixo dos cinco anos morrem de diarreia em decorrência do uso de água de qualidade ruim e falta de condições sanitárias.
- Há 2,3 bilhões de pessoas vivendo sem acesso a saneamento básico.
- Neste momento, 892 milhões de pessoas precisam fazer suas necessidades ao ar livre.[17]

Partindo do princípio de que tudo o que possuímos vem direta ou indiretamente de Deus e que, em última análise, pertence a Ele, devemos doar livremente uma parte ao Senhor e outra para aqueles que estão em necessidade. Todos precisamos fazer nossa parte no cuidado com as outras pessoas neste mundo.

Em 2Coríntios 9:6-10, Paulo está falando ao povo de Corinto sobre o ato de doar e acredito que a explicação dele é maravilhosa:

> Lembrem-se: aquele que semeia pouco também colherá pouco, e aquele que semeia com fartura também colherá fartamente. Cada um dê conforme determinou em seu coração, não com pesar ou por obrigação, pois Deus ama quem dá com alegria. E Deus é poderoso para fazer que lhes seja acrescentada toda a graça, para que em todas as coisas, em todo o tempo, tendo tudo o que é necessário, vocês transbordem em toda boa obra. Como está escrito: "Distribuiu, deu os seus bens aos necessitados; a sua justiça dura para sempre." Aquele que supre a semente ao que semeia e o pão ao que come, também lhes suprirá e aumentará a semente e fará crescer os frutos da sua justiça.

---

17 | "Global Water Crisis: Facts — FAQs, and How to Help" ["Crise hídrica global: perguntas mais frequentes e como ajudar"], *in* World Vision. Disponível em: https://www.worldvision.org/clean-water-news-stories/global-water-crisis-facts. Acessado em: 16/11/2021.

Na Bíblia, Deus pede que todos façamos doações com alegria, assim como o Senhor faz. Prosperidade e bens materiais nada significam quando se trata de entrar no Céu; isso só é possível com Deus. Quanto mais você possui, mais tempo, energia e dinheiro é necessário para cuidar de suas posses. Se deseja tornar mais fácil a tarefa de manter sua casa limpa e organizada, a coisa mais simples que pode fazer é doar, doar e doar um pouco mais! Não somente será uma bênção na sua própria vida e na dos outros, como também receberá de volta parte de seu tempo, sua energia e seu dinheiro.

Como decidimos quanto devemos doar? No Antigo Testamento, Deus orienta seu povo escolhido para *entregar o dízimo*, ou seja, entregar todo ano 10% daquilo que ganhavam, produziam ou tinham, mas penso que o apóstolo Paulo também pode nos ajudar a responder a essa pergunta: "Porque, se há prontidão, a contribuição é aceitável de acordo com aquilo que alguém tem, e não de acordo com o que não tem." (2Coríntios 8:12)

A partir daí, Paulo segue compartilhando vários princípios a serem seguidos:

- Cada pessoa deve cumprir suas promessas.
- Cada pessoa deve doar tanto quanto estiver ao seu alcance.
- Cada pessoa deve decidir quanto pode doar.
- Cada pessoa deve doar proporcionalmente ao que Deus lhe concedeu.

Se você sente que não tem dinheiro sobrando para doar, então deve doar o que pode. Não se trata apenas de dinheiro. Também pode doar seu tempo, seus bens materiais e sua disposição para servir.

Alguns exemplos práticos

Aqui estão algumas maneiras práticas de doar começando hoje mesmo (por favor, note que você deve sempre ligar primeiro para as organizações beneficentes de sua região e perguntar sobre o que eles estão precisando).

Abrigos para animais

Adote um bicho de estimação.
Doe algumas coisas básicas:
- Bichos de pelúcia
- Cobertores usados, travesseiros e toalhas

Doe coisas que seus bichos usaram pouco:
- Coleiras e focinheiras
- Tigelas
- Brinquedos
- Instrumentos de poda

Voluntarie-se para lavar ou caminhar com cachorros.
Doe produtos de limpeza
- Papel-toalha
- Sacos de lixo
- Papel higiênico
- Jornais velhos
- Higienizador de mão

Programas de combate à violência doméstica

Doe dinheiro.
Faça contribuições específicas. Os itens mais necessários frequentemente são os de baixa reposição e fazem a maior diferença:
  • Sabão líquido para roupas
  • Itens de higiene básica (podem ser até em tamanho pequeno)
  • Maquiagem
  • Produtos de higiene feminina
  • Fraldas e ingredientes para mamadeira
  • Cartões de presente
  • Utilidades do lar (talheres, lençóis, cobertas, travesseiros, torradeiras, cafeteiras e toalhas)
  • Artigos escolares
  • Roupas (todo tipo, desde pijamas até trajes adequados para comparecer diante de um juiz)

Despensa

Doe. Entre os itens mais comumente necessários estão:
  • Leite e manteiga
  • Enlatados
  • Frutas
  • Legumes e verduras
  • Carnes
  • Arroz, feijão, açúcar e sal
  • Macarrão

Trabalho voluntário:
  • Ajude a servir refeições as pessoas carentes
  • Prepare quentinhas e marmitas para distribuição

Igrejas locais

Doe. As igrejas gostam muito de coisas como:
- Artigos de escritório
- Artigos de papelaria para crianças
- Artigos escolares para creches infantis
- Artigos de limpeza
- Artigos de papelaria em geral

Trabalho voluntário:
- Recepcione as pessoas na porta da igreja
- Ajude no trabalho de berçário
- Ofereça-se para ajudar em outras áreas que precisam de mais pessoas

Bibliotecas

Doe:
- Livros e revistas usados
- CDs e DVDs usados

Trabalho voluntário:
- Ofereça-se para ajudar em eventos especiais ou na programação regular da biblioteca

Programas habitacionais

Envolva-se com um dos muitos projetos de construção de casas populares.
Doe:
- Eletrodomésticos com pouco uso
- Mobília

- Material de construção
- Artigos para o lar
- Louças
- Material de acabamento
- Material elétrico (lâmpadas, lustres, ventiladores, fios, conduítes, tomadas e interruptores)
- Madeiras
- Espelhos em moldura
- Ferramentas
- Janelas e portas

O espírito como doamos é mais importante para Deus do que o valor da doação em si. Deus não deseja que doemos de má vontade ou com uma atitude negativa. Ele nos pede que doemos em função de nosso amor pelas outras pessoas e pela alegria de ajudar a quem necessita. É simplesmente a coisa certa a fazer. Depois que doamos, deixa de ser nosso. Isso significa não ficar pensando: "E se precisar disso algum dia?"

Da mesma forma, Deus não quer que doemos para ficar anunciando nossa iniciativa. Você já conheceu alguma pessoa que fica falando o tempo todo sobre o que faz pelos outros? Ela se torna chata. Você não precisa receber os créditos aqui na terra. Seu coração generoso será bem recompensado no Céu.

Doar com alegria

Deus quer que tenhamos o que é necessário para cuidar de nossa família e de nós mesmos sem precisarmos ser um fardo na vida dos outros. No entanto, devemos estar prontos para doar quando Deus pedir que o façamos. Isso impede que as "coisas" atrapalhem nossa comunhão com Deus. Também nos capacita a usar a prosperidade que Deus concedeu para o bem.

Para ajudar a entrar no espírito da generosidade, pense nesse processo como um tipo de ministério. Deus te abençoou com coisas materiais quando você precisou. Agora que não gosta mais dessas coisas ou deixou de usá-las, tem uma oportunidade de abençoar outra pessoa com elas. Não é legal? Concentre-se na alegria de doar e ser capaz de ajudar os outros.

1.
Organize-se pelas pessoas que passam necessidade Descobri que a maior parte das pessoas quer realmente doar com liberalidade — se tomar conhecimento de alguém que está precisando. Quando falo as plateias sobre como se livrar da desordem, fico sempre chocada com a quantidade de pessoas que levantam a mão e me perguntam se conheço um lugar que aceite a doação disso ou daquilo. Minha resposta é sempre a mesma e vou compartilhar com você agora.

Se você deseja organizar sua casa, descubra uma ou duas instituições sem fins lucrativos em sua região que precisam de doações. Agora, não estou me referindo apenas ao Exército de Salvação. Quase todo mundo já ouviu falar dele. Estou falando dos "pequenos": as outras organizações de menor porte em sua comunidade que estão realmente precisando de várias coisas — exatamente as mesmas que podem estar pegando poeira em seu armário ou no sótão neste momento! Recomendo enfaticamente que você dedique alguns minutos agora mesmo para pesquisar na internet algumas instituições sem fins lucrativos perto de sua casa. Escolha aquela que mais tocar o seu coração. Você não somente poderá fazer uma diferença enorme em sua comunidade, como também será a melhor motivação para acabar com a bagunça em sua casa. É só pensar nisso como um ministério pessoal. Pode ser que até acabe se envolvendo mais à medida que conheça melhor as pessoas que estão trabalhando para essa organização.

2.
Plante sementes Pare um momento e medite neste trecho das Escrituras: "Não se deixem enganar: de Deus não se zomba. Pois o que o homem semear isso também colherá. Quem semeia para a sua carne da carne colherá destruição; mas quem semeia para o Espírito do Espírito colherá a vida eterna." (Gálatas 6:7-8)

Quando os fazendeiros plantam, eles sabem exatamente por que estão fazendo aquilo. Eles conhecem o que aquela determinada semente deve produzir. O que sua semente está produzindo?

Se você quer e está esperando por uma resposta à oração, te incentivo a doar a alguma pessoa ou organização para mostrar a Deus que confia na resposta que Ele dará. Encorajo você a semear no coração dos outros. Isso tem o poder de ajudar outra pessoa a realizar seu propósito ou ministério. Depois espere e veja como Deus usa essa semente.

3.
Ofereça a dádiva da experiência Da próxima vez que se deparar com um feriado ou aniversário, ofereça uma experiência como presente. Realmente precisamos de mais coisas dentro de casa? O que precisamos é de mais tempo juntos! Garanto que o tempo de qualidade que dedicar a alguém será muito mais lembrado do que o presente que deu àquela pessoa há 15 anos.
Aqui estão algumas de minhas ideias favoritas:

• Cartões de encontro: invente um cartão e convide alguém que você ama para um encontro. Essa pessoa pode resgatar esse cartão assim que estiver pronta.
• Título de sócia do zoológico local ou de um museu; matrícula em uma academia de ginástica ou curso; assinatura de um clube de vinhos ou de livros, de um *streaming* de vídeo ou música; etc.

• Ingressos para um concerto, uma peça de teatro ou mesmo para uma viagem.

4.
Aumente sua capacidade de doação Se temos o Espírito Santo dentro de nós, vamos aprender, crescer e expandir nosso espírito continuamente. Como cristãos, devemos nos aperfeiçoar no uso maduro de todos os nossos recursos de maneira que nossas doações também se expandam. Deus pode colocar esse desejo em seu coração e te capacitar a aumentar o alcance de sua doação. Não perca a oportunidade de crescer à medida que sua caminhada com o Senhor prossegue.

Recapitulando...

Considerando que tudo que possuímos vem direta ou indiretamente de Deus e que, em última análise, pertence a Ele, devemos doar com liberalidade uma parte ao Senhor e outra a quem passa necessidade. Todos precisamos fazer a nossa parte no cuidado com o próximo neste mundo.

9
Providencie hospitalidade

Sejam mutuamente hospitaleiros, sem reclamação.
Cada um exerça o dom que recebeu para servir aos outros,
administrando fielmente a graça de Deus em suas múltiplas formas.
1Pedro 4:9-10

Deus nos convoca à hospitalidade. A hospitalidade está relacionada à gestão e à doação. Abrir sua casa para compartilhá-la com outras pessoas costuma requerer alguma limpeza e preparação. (Consulte a Lista de Checagem da Hospitalidade ao fim deste livro para uma ajuda extra sobre como se preparar para receber convidados.)

Certo dia, eu e minha amiga estávamos conversando sobre o fato de a hospitalidade aparentemente ter se tornado uma prática perdida. Calculamos o número de pessoas que costumavam nos convidar para visitá-las em casa (além de nós duas), e o resultado foi tão baixo que ficamos chocadas.

Ser uma organizadora profissional carrega junto um estereótipo: as pessoas frequentemente presumem que vivo em uma "casa perfeita", onde tudo tem um código de cores, um rótulo e fica bem para postar no Pinterest. Mas só porque sou uma pessoa organizada, não significa que as coisas nunca saem de ordem. Já perdi a conta de quantas vezes fui a uma festa ou visitei a casa de uma amiga pela primeira vez e ouvi a pessoa dizer: "Estava tão nervosa antes de você chegar. Vasculhei a casa toda para tentar esconder nossas bagunças!" Isso me entristece. Não gosto quando as pessoas se sentem envergonhadas por causa da arrumação de sua casa. Odeio que pensem que posso julgá-las. (Acredite em mim: enquanto não me engajo no trabalho de organização, a última coisa que vejo é a desordem.)

A verdade é que todos temos medo de ser julgados quando convidamos pessoas a visitar nossa casa. Até eu! Quando eu e meu marido construímos nossa primeira casa, mostramos a amigos, familiares e até alguns desconhecidos curiosos. Sabia que aquelas pessoas queriam ver como havia organizado cada canto e recanto, e eu achava que tudo tinha de estar perfeito. Acho que essa mania de julgar é a principal razão pela qual a hospitalidade deixou de ser tão frequente quanto já foi, além do fato de todo mundo parecer estar muito ocupado hoje em dia. Somos constantemente bombardeados com imagens de casas "perfeitas" na internet. Costumamos esquecer que foram arrumadas como cenários por profissionais para fins comerciais e de divulgação. Elas não são uma boa representação da média das casas reais ou de uma família trabalhadora típica.

Por onde começar

A *hospitalidade* é definida como "ato de hospedar", "qualidade de hospitaleiro", "bom tratamento; amabilidade, gentileza".[18] Quando uma amiga aparece e conta a você que está enfrentando dificuldades no casamento, ou quando sua vizinha surge do nada para conversar sobre o que seus filhos estão fazendo, como você reage? Demonstra cordialidade e gentileza, parando até o que estava fazendo, ou se deixa distrair e até mesmo demonstra pouca paciência por causa daquela visita inesperada?

---

18 | *Michaelis: Dicionário brasileiro da língua portuguesa*. Edição *online*. Disponível em: https://michaelis.uol.com.br/moderno-portugues/busca/portugues-brasileiro/hospitalidade/. Acessado em: 15/3/2023.

Pense nas palavras de Paulo registradas em Romanos 12:13: "Compartilhem o que vocês têm com os santos em suas necessidades. Pratiquem a hospitalidade." Entre as anotações de minha Bíblia de estudo, encontrei a seguinte explicação sobre esse versículo, e que considero muito bonita:

> A hospitalidade cristã é diferente de receber e entreter convidados. O entretenimento se concentra no anfitrião: a casa precisa estar imaculada; a comida, muito bem preparada; os donos da casa precisam aparentar tranquilidade e bom humor. A hospitalidade contrasta ao focar as necessidades dos convidados, como um lugar para ficar, alimentação saudável, saber ouvi-los ou simplesmente aceitá-los como são. Ela pode existir em uma casa desorganizada ou mesmo em volta de uma mesa de jantar cuja refeição principal pode ser Miojo. Pode até ocorrer enquanto o anfitrião e o convidado estão se dedicando juntos a algumas tarefas![19]

A hospitalidade pode verdadeiramente enriquecer os relacionamentos em sua vida. Ela também permite que você seja uma líder e sirva ao mesmo tempo. Durante o tempo de seu ministério público, Jesus e seus discípulos dependiam inteiramente da hospitalidade dos outros ao percorrer várias cidades.

Não deixe de oferecer hospitalidade só porque está muito cansada, trabalhando demais ou por achar que não dispõe de recursos suficientes para ser uma boa anfitriã. Você já inventou desculpas para não ter de ser hospitaleira? Já ouviu seus amigos ou sua família fazerem isso?

Vamos dar uma olhada mais de perto em algumas desculpas bem comuns:

---

19 | *NLT Life Application Study Bible* [Bíblia NLT de estudo e aplicação para a vida], 2.º edição. Carol Stream, EUA: Tyndale, 2011.

Desculpa: "Estou muito ocupada. Tenho muita coisa para fazer."
Verdade: Todos estamos sempre ocupados. Lembre-se, a lista de afazeres nunca acaba. Entretanto, quando sua vida chegar ao fim, não serão as tarefas que contarão, e sim o tempo que passou com outras pessoas e o impacto que você produziu sobre a vida delas.

Desculpa: "Minha casa não é grande o suficiente."
Verdade: Você pode sempre acomodar pelo menos duas outras pessoas em seu espaço de moradia. Brincar de comparar com as casas dos outros é receita certa para o desastre e para inventar outra desculpa.

Desculpa: "Minha casa não está limpa e nem arrumada o suficiente para as pessoas circularem por aqui."
Verdade: As pessoas geralmente não se importam sobre o estado de sua casa. Elas estão apenas felizes por receberem abrigo. Se você se sente envergonhada por causa da falta de limpeza ou de organização, faça alguma coisa para resolver. Planejar um mutirão de limpeza é a motivação perfeita para colocar sua casa em ordem.

Desculpa: "Não tenho dinheiro para poder receber alguém."
Verdade: Você não precisa de muito dinheiro. Café não é caro e também pode pedir a seus convidados que levem um salgadinho para servir e ajudar a reduzir a despesa.

Desculpa: "Fico ansiosa quando estou no meio de muita gente"; ou: "Ando me sentindo muito insegura."
Verdade: Se você se sente ansiosa, seja sincera em relação a isso e limite-se a marcar uma reunião de cada vez. Todos podemos nos sentir inseguros por esse ou aquele motivo, e tudo bem com isso. Bons amigos vão ajudar e incentivar quando você estiver se sentindo deprimida. É o melhor remédio para a insegurança.

Desculpa: "Quero me aproximar de uma pessoa, mas não tenho certeza de como ela vai reagir."
Verdade: Minha amiga, não deixe de enviar um convite porque você tem medo de se expor. Aposto que a outra pessoa está pensando a mesma coisa. Seja ousada! Se ela não quiser fazer um esforço para se aproximar, você vai saber que esse não é o tipo de amizade de que precisa e aí pode seguir em frente e investir em outra pessoa.

Recentemente, ouvi falar muita coisa sobre números e estatísticas relacionadas às igrejas. Parece que nossa sociedade está se envolvendo cada vez menos com as igrejas locais. Tive essa discussão com várias pessoas e o consenso é que muitos de nós precisamos de igrejas que ofereçam mais. Acho que todos estamos precisando de mais vida comunitária. Não estou falando sobre mais mídias sociais; me refiro a interações *reais*, sentando-se para discutir cara a cara ao compartilhar nossa vida com alguém. São momentos para abrir o coração, rir, chorar ou pedir conselho. Onde foram parar aquelas conversas de verdade? No WhatsApp, no Facebook, no Instagram? Não dá para se conectar com a alma das pessoas por intermédio de um aparelho eletrônico da mesma maneira que se faz no sofá da sala ou à mesa da cozinha, tomando uma xícara de café! São lugares onde vínculos profundos são formados.

A hospitalidade pode transformar sua casa e sua propriedade em um ministério para alcançar pessoas em nome de Jesus. Tudo o que temos pertence a Deus e pode ser usado para a glória dele. Sua casa é uma dádiva. É o único lugar do universo inteiro no qual se pode criar um ambiente singular para você e para as pessoas com quem você compartilha seu espaço. Tudo, desde a decoração até a entrada da casa, passando pelas fotos na parede, fala a respeito de você e de sua família. Seu lar é sua representação. Sendo assim, por que não compartilhar essa parte de sua vida com outras pessoas?

Muita gente acha que ministério é uma coisa que existe longe de casa, por intermédio de atividades da igreja, como dar aulas na escola dominical, ajudar na organização de um evento ou participar de uma viagem missionária. No entanto, não precisamos sequer ser associados a uma organização religiosa para nos envolver em um ministério. A palavra *ministério* simplesmente significa servir a Deus e aos outros. Assim, se você é um cristão, tem um ministério. Não é legal? Você não tem de frequentar um seminário nem subir para pregar em um púlpito; só precisa servir e amar.

Dê um passo

Eu e algumas de minhas amigas planejamos um encontro para fazer vários tipos de brigadeiro de proteína. Kim comentou que ela seria a anfitriã porque tinha uma linda cozinha com uma bancada tão grande que caberia todas nós em volta. Nesse meio-tempo, quis fazer um *post* para meu blogue sobre a importância de abrir espaço na agenda para cultivar amizades. Conforme fazia a pesquisa, descobri que existe uma espécie de *feriado* chamado *Galentine's Day*.[20] Como assim? O mais impressionante é que descobri a existência desse *feriado* na véspera de nosso encontro para fazer brigadeiros de proteína (Deus é mesmo maravilhoso). Quando cheguei à casa de Kim, anunciei a todo mundo que tínhamos um novo feriado para celebrar! Aqui está um trechinho de meu *post* sobre passar tempo com as pessoas amigas:

> A vida é dura! Você sabe disso. E a única pessoa que vai entender você — e eu quero dizer que vai REALMENTE entender você — é outra mulher.

---

20 | Um trocadilho com Valentine's Day, o Dia dos Namorados nos Estados Unidos e em alguns outros países de língua inglesa. A ideia começou num episódio de 2010 da série *Confusões de Leslie* (Parks and Recreation, 2009-2015), quando a protagonista, vivida por Amy Poehler, organiza um encontro de amigas na véspera do Valentine's Day (N.T.).

Quando aquele dia chegar e você estiver sentada no chão, chorando porque seu casamento está à beira de um desastre ou porque descobriu que alguém que ama está enfrentando um câncer, então vai precisar de uma amiga. Talvez seu filho ou filha adolescente esteja passando por uma situação complicada e você não tem a menor ideia de como lidar com isso. Vai precisar de uma amiga para oferecer incentivo e conselhos. Haverá dias em que precisará dela para relembrá-la de que é forte, capaz e amada.

Mas ter um relacionamento como esse requer esforço e tempo. E não estou falando apenas de uma ou duas vezes por ano; eu me refiro a um compromisso genuinamente assumido entre uma e outra. Qualquer bom relacionamento requer esse tipo de dedicação e trabalho. Sendo assim, como podemos ter relacionamentos como esse? A gente encontra tempo, em vez de desculpas.[21]

Não apenas somos chamados para sermos hospitaleiros, mas também nos é requerido fazer isso com um sorriso no rosto. Deus não está falando que devemos convidar pessoas e então limpar tudo e servir aperitivos de má vontade! Adoro o jeito como Donna Otto escreve sobre isso em seu livro *Finding Your Purpose as a Mom* [*Encontrando seu propósito como mãe*]:

> Sua casa é solo sagrado, lembre-se disso. A maneira como você vive em seu espaço mais íntimo e com os relacionamentos que lhe são mais próximos faz uma profunda diferença no que se refere ao Reino de Deus. Mudar sua vida e, em seguida, mudar o mundo por seu intermédio faz parte do plano de Deus [...] É próprio da natureza humana pecaminosa minimizar ou menosprezar ou simplesmente ignorar o que é mais simples e básico — o que mais se aproxima de lar, por assim dizer. A nature-

---

21 | Berry, Jennifer Ford. "Happy Galentine's Day" ["Feliz Galentine's Day"], *in* Jennifer Ford Berry (blogue). Disponível em: https://jenniferfordberry.com/galentines-day-are-you-too-busy-for-your-girlfriends/. Acessado em: 16/11/2021.

za humana valoriza mais o que é excitante ou dramático ou altamente visível do que o que é ordinário e familiar; quer "salvar o mundo" ao mesmo tempo que negligencia o que está bem debaixo de nosso nariz.[22]

Se levamos a hospitalidade a sério, precisamos fazer dela uma prioridade. Você está preparada para começar a colocar a hospitalidade em prática com maior regularidade? Você pode! Aqui estão algumas dicas de como tornar a hospitalidade mais fácil:

1.
Não fique fritando sobre isso Você não precisa ser uma Hebe Camargo para saber entreter seus visitantes. Se você dispuser de café, chá quente, água e alguns petisquinhos, já está excelente. Se não tiver nada disso, não se desculpe, por favor. Quando começa a dizer "não repare na louça" ou "desculpe pela bagunça", você não está fazendo seus convidados se sentirem mais à vontade. Eles vão perceber sua insegurança e aí é que vão se sentir mal e se achar inconvenientes.

2.
Prepare-se Se estiver preparada ou preparado, você ficará mais à vontade quando os convidados aparecerem de repente ou se forem convidados à última hora. Alguns tipos diferentes de bebidas, água mineral, torradas com queijo, frutas frescas e um *mix* de castanhas são itens perfeitos para se ter à mão nessas horas.

3.
Marque uma data Frequentemente peço as minhas clientes que marquem um dia na agenda para receber pessoas em sua casa

---

22 | Otto, Donna. *Finding Your Purpose as a Mom: How to Build Your Home on Holy Ground* (*Encontrando seu propósito como mãe: como construir sua casa em solo sagrado*). Eugene, OR: Harvest House, 2004, p. 226–227.

como uma data-limite para colocar a casa em ordem. Se você quer uma boa razão para organizar sua desordem, basta convidar pessoas para visitá-la!

4.
Não seja perfeccionista A maior parte das pessoas ficará tão grata por ter sido convidada para visitar sua casa e poder dar uma escapada de sua rotina exaustiva que nunca vai reparar naqueles pequenos detalhes que preocupam você. Seus convidados só estarão preparados para aproveitar bem o tempo que passarão em sua companhia. Não permita que a ideia de uma "casa perfeita" ou "refeição perfeita" a impeça de ser uma boa anfitriã. Se abrir suas portas, garanto que Deus abrirá seu coração.

5.
Concentre-se em criar um momento marcante Convidar pessoas a participar juntas de uma atividade é uma maneira divertida de criar futuras lembranças. Você pode ser anfitriã de uma aula de culinária, de um estudo bíblico, de um clube de leitura ou de uma maratona de filmes. Escolha uma atividade que aprecie e, em seguida, pense nas pessoas que sabe que se interessariam em participar.

Recapitulando...

A hospitalidade pode realmente enriquecer os relacionamentos em sua vida e transformar sua casa em um ministério. Também permite que você lidere e sirva ao mesmo tempo. Não deixe de oferecer hospitalidade só porque se sente muito cansada, muito ocupada ou acha que não tem dinheiro para ser uma boa anfitriã.

10
Parceria com Deus

Consagre ao Senhor tudo o que você faz,
e os seus planos serão bem-sucedidos.
PROVÉRBIOS 16:3 (A MENSAGEM)

Deus nos dá os recursos e as oportunidades para serem usados em sua obra. Quando administramos esses dons com sabedoria, ele providenciará ainda mais recursos e oportunidades que podem ser usadas para uma colheita ainda maior.

Amigas, eu preciso abrir o jogo com vocês sobre uma parte muito, *muito* importante dessa jornada: para realizar seu propósito, vocês precisam aprender como tornar Deus seu parceiro nesse processo. Na verdade, apague o que eu disse. Você pode muito bem realizar seu propósito sem Deus. Por exemplo, se o seu propósito é o de resgatar cãezinhos que sofrem maus-tratos e encontrar um lar seguro para eles, você pode fazer isso por conta própria, com certeza. Sem Deus como seu parceiro, porém, muito provavelmente não vai alcançar o potencial mais elevado e legítimo implícito em seu propósito. Por quê? Porque somente Deus realmente sabe o que você é capaz de fazer. Pode ser que ainda nem tenha se dado conta disso, o que me deixa entusiasmada, pois mal posso esperar para vê-la descobrindo quanto potencial tem dentro de si. Até conquistei algumas coisas sem Deus, mas, confie em mim, essas coisas nunca eram tão boas nem tão duradouras quanto as que realizei com ele.

Como empreendedora, sempre fui boa em descobrir e incentivar pessoas a fazer parceria comigo em vários projetos ou iniciativas empresariais. Já tive muitos parceiros de negócios, mas uma coisa esquisita aconteceu há alguns anos. Primeiro, uma parceira comercial que eu mantive por 11 anos me procurou e quis vender a empresa que havíamos construído juntas. Nós fizemos uma boa sociedade e criamos um negócio fantástico, mas, de repente, o coração dela já não estava mais naquilo. Por volta da mesma época, estava deixando a editora pela qual eu vinha publicando meus livros por dez anos e me afastando de um comitê da igreja do qual participava. Minha parceira no *podcast* também me avisou que não poderia mais dar conta do trabalho, por isso eu teria de me virar para continuar sem ela.

Sou aquele tipo de pessoa que sempre tenta entender as razões divinas, por isso apenas continuei orando por sabedoria e compreensão. Naquela época, uma de minhas orações em meu diário ficou mais ou mentos assim:

> Senhor amado, por que tudo isso está acontecendo? Por que todas as coisas em que me envolvi nos últimos dez anos ou algo assim estão mudando? Por que estou perdendo essas parceiras? Será que é porque não estou confiando no Senhor para ser meu único parceiro? O Senhor tem me concedido essas dádivas e visões; preciso confiar que vai me ajudar a usá-las em favor do mundo. Até mesmo as pessoas na igreja estavam influenciando minhas opiniões sobre o que o Senhor está fazendo em minha vida. Deus, só quero ser orientada pelo Senhor! Em nome de Jesus, amém.

Pouco tempo depois dessa oração, recebi a resposta: Deus é meu parceiro. Com Ele, *tudo* é possível.

Então eu disse "sim" a Deus. Mantive aquele negócio e comprei a parte de minha sócia. Posso dizer que o primeiro evento que produzi sozinha foi assustador — mas um sucesso fantástico. Me sentia mais calma e menos ansiosa do que vinha me sentindo por anos. Por quê? Porque estava comprometida em colocar minha confiança em meu novo Sócio. Precisava de mais ajuda, por isso meu marido e meus filhos também embarcaram, o que tornou aquela iniciativa em uma espécie de negócio de família. Outra bênção!

Lutei para reverter os direitos de meus livros publicados a meu favor e consegui. Deus até colocou o advogado perfeito ao meu dispor para me ajudar a fazer isso, um homem cristão. Coincidência? Acho que não! Mal sabia naquela época que esse mesmo homem se tornaria um dos primeiros membros do conselho diretivo do Ministério Jennifer Ford Berry.

Deus também me levou a lançar a conferência Created Order, e minha filha com suas amigas decidiram dar início à conferência Blurry para adolescentes. Uma das mulheres cristãs que conheci me apresentou a uma empresa que poderia produzir meu *podcast*, o que me fez ganhar muito tempo.

Sim, Deus tinha um plano ainda maior e mais milagroso guardado para mim — e era por isso que todas aquelas coisas estavam acontecendo.

Parceria paciente

Existirá dias nessa jornada em que você vai se sentir impaciente, frustrada ou vai querer desistir porque está cansada e por dar muito trabalho. Acredite em mim: já passei por isso muitas e muitas vezes. Mas o tempo de Deus é perfeito. (Pessoalmente, descobri que é mais fácil lembrar-me disso depois que um sonho se torna realidade.)

Quando eu e Josh, meu marido, estávamos tentando ter nosso segundo filho, pensamos que seria tão simples quanto havia sido no primeiro:

- Passo 1: decidir ter um filho
- Passo 2: tentar ter um filho
- Passo 3: descobrir a gravidez
- Passo 4: ter um filho

Esses passos funcionaram perfeitamente com nossa filha. Por isso, exatamente dois anos depois, quando decidimos ter outro bebê, esperava que tudo acontecesse da mesma maneira. Bem, os passos de um a três ocorreram com muita precisão, mas o passo quatro não. Fomos orientados a ir para casa e esperar. Lembrei-me que, durante séculos, muitas mulheres passaram por interrupções na gravidez com naturalidade, e eu também poderia lidar com isso, mas foi horrível.

Então veio uma nova série de quatro passos que terminou quando uma técnica em ultrassonografia me informou que nosso terceiro bebê não estava mais vivo. Outro golpe devastador. Ficamos tão arrasados, de fato, que Josh achou que não devíamos mais tentar. Ele não queria que eu tivesse de passar pela mesma experiência, mas não estava pronta para desistir de nosso sonho. Então, com um pouco de ansiedade e *muita* oração, tentamos novamente. Dessa vez, descobri que meu corpo tinha pouca progesterona.

Não sabia se nosso coração seria capaz de suportar outra perda, mas aí conheci um farmacêutico que me disse acreditar num remédio específico que poderia me ajudar a manter a gravidez. Aquele homem não sabe disso, mas ele me deu o maior presente de minha vida: esperança. Não só acabamos tendo outro bebê, como também fomos abençoados com um filho. Eu e Josh tínhamos esperança de ter um menino e uma menina desde que começamos a namorar no ensino médio! A parte mais legal: Josh foi o primeiro a saber que era um menino. No meio de minha cesariana, ele olhou por sobre a cortina (sim, ele é um homem da lei, por isso pode lidar com coisas desse tipo!) e viu que nosso bebê era um garotinho. Nunca esquecerei da alegria estampada em seu rosto quando ele olhou para mim e disse: "É um menino!" Imediatamente comecei a chorar porque sabia que Deus havia nos abençoado verdadeiramente.

Deus sabia de seu plano e o realizou no tempo perfeito. Ele sabia o que estava por trás daquela cortina. Se o meu coração ainda sofre pelos dois bebês que perdemos? Claro que sim! Mas sei que o plano de Deus para mim era ser mãe de Bryceton Richard Berry, e se não tivesse passado por aquelas duas experiências tristes, nunca conheceria a alegria de criar esse menino tão querido. No que se refere aos nossos dois outros bebês preciosos, espero ansiosamente pelo dia em que os envolverei em meus braços, no Céu.

Por onde começar

Aqui estão algumas iniciativas para ajudar você a levar a sério a parceria com Deus enquanto persegue seu propósito.

1.
Passe um tempo com Deus todos os dias Para entrar em uma parceria com Deus, você precisa passar um tempo diário com Ele. Exatamente da mesma maneira que teria de se reunir com outros sócios de algum empreendimento, precisa encontrar tempo em sua agenda para se reunir com Deus. Peça a Ele para que fale com você, que lhe dê sabedoria e te oriente para tomar as decisões certas. Acredite em mim: isso funciona. É nessas *reuniões* com Deus que essa minha cabeça embaralhada por tantas ideias sempre encontra esclarecimento acompanhado de visão. É também onde aprendo mais sobre a maneira divina de fazer negócio, tratar as outras pessoas e atingir minhas metas. Ele é meu mentor mais extraordinário, e deseja ser o seu também.

Mesmo que você ainda não tenha passado muito tempo com Deus até este momento de sua vida, pode optar por começar hoje mesmo. Você pode estar perguntando: "Como faço isso?" Ou: "Por onde começo?", e a resposta é simples. Não *frite* demais sobre essa questão; apenas comece com 15 minutos diários de leitura da Bíblia (recomendo enfaticamente que use uma versão bíblica com linguagem de fácil compreensão) e, talvez, ouvindo músicas de louvor a Deus quando estiver dirigindo. Lembre-se do que Jesus nos orienta:

Considerem atentamente o que vocês estão ouvindo", continuou ele. "Com a medida com que medirem, vocês serão medidos; e ainda mais lhes acrescentarão. A quem tiver, mais lhe será dado; de quem não tiver, até o que tem lhe será tirado (Marcos 4:24-25).

2.
Aproveite o processo de perseguir seus sonhos Quantas vezes você já atingiu um objetivo, celebrou por algum tempo e, logo depois, seguiu em frente, perseguindo outra meta? Várias vezes, certo? Assim é a vida. Quando você estava na faculdade, mal podia esperar para se casar. Quando se casou, mal podia esperar para comprar sua primeira casa. Quando comprou a primeira casa, mal podia esperar para ter filhos. Quando começou sua carreira profissional, havia várias "próximas etapas" pelas quais mal podia esperar.

A questão é que a própria vida *é* o processo. São esses pequenos passos diários para chegar aonde você quer. São os momentos diários nos quais você se recusa a desistir. Não perca a oportunidade que esses momentos proporcionam por estar focada demais no resultado — e quer saber por que, querida? Porque depois dessa meta haverá sempre outra a ser alcançada. E outra. O processo pelo qual vai passar te prepara para a promessa que Deus lhe fez.

3.
Seja sempre grata Quando descobrir seu propósito e passar a vivê-lo plenamente, de todo o coração, com ousadia e sem desculpas, coisas grandiosas começarão a acontecer. Nesse ponto, tome cuidado para não deixar Deus de lado em sua vida para ficar com todo o crédito por suas conquistas. Não se torne orgulhosa ou ocupada demais gerenciando seu sucesso e sua prosperidade. Sempre mantenha o foco naquele que concedeu a você essa oportunidade e suas capacidades. É Deus quem nos

dá tudo o que temos e pede que administremos essas coisas para ele.

4.
Persevere Como nos diz o autor da carta aos Hebreus, "vocês precisam perseverar, de modo que, quando tiverem feito a vontade de Deus, recebam o que ele prometeu" (10:36). Sem essa perseverança, você dificilmente conseguirá receber o cumprimento da promessa que Deus fez para sua vida. Qualquer um pode desistir. É fácil. Mas é preciso paciência e perseverança para não perder o ânimo, dia após dia, quando seu progresso não parecer tão evidente ou quando lhe faltar perspectiva de futuro.

5.
Abra seu coração e seja honesta com Deus Deus já sabe tudo sobre você. Não dá para se esconder dele. Baixe a guarda e seja honesta com Ele quando se sentir frustrada, triste ou aborrecida. Ele conhece cada pensamento antes mesmo que você o formule, e cada decisão antes de você tomá-la. Fale com Ele sobre suas escolhas e saiba que todas as decisões certas que você tomar hoje poderão te manter na trilha para realizar alguma coisa muito importante.

6.
Descanse no Senhor Por fim, depois que tiver feito tudo o que você sabe fazer, de ter dado tudo de si e, ainda assim, não tiver certeza de que poderia ter feito mais, descanse em Deus. Lembre-se: muitos sonhos não serão realizados se tentar persegui-los sozinha. Você precisa de ajuda e essa ajuda vem do Parceiro mais amoroso e poderoso que alguém poderia pedir.

Talvez você se ache capaz de batalhar por esse "propósito" por conta própria, mas posso lhe dar um conselho? Será um bocado mais fácil e bem mais divertido — e bem mais eficaz também —

se você fizer isso em parceria com Deus. O que lhe parece? Bem, há uma grande possibilidade de que o propósito que você sente em seu coração venha diretamente de Deus e tenha sido colocado ali há bastante tempo. Ele lhe deu esse propósito porque deseja realizá-lo por seu intermédio.

Repita esta oração:

Senhor, quanto ao que não conheço, ensine-me; quanto ao que não tenho, dê-me; quanto ao que não sou, faça-me ser. Tudo pela sua glória. Amém.

Recapitulando...

Se você está ansiosa para viver de uma maneira mais determinada e concentrada em seu propósito, a melhor coisa que pode fazer é passar um tempo com Deus para então ser capaz de discernir o desejo dele para sua vida.

CONCLUSÃO

A melhor razão para você colocar o seu propósito acima de suas posses é esta: quando usa seu tempo e seus dons para realizar a vontade de Deus, você é inundada de alegria.

Enquanto embarca nesta nova maneira de viver, mantenha os olhos bem abertos, atenta às maneiras como Deus aparecerá para incentivá-la. Livrar-se da desorganização física abre um novo espaço para bênçãos. Seus gostos começarão a mudar. Você vai perceber Deus trazendo gente nova para dentro de sua vida, pessoas interessadas em crescimento, em desenvolvimento pessoal e em ser relevantes. Isso colocará ainda mais combustível no desejo intenso que você tem no coração.

Tendo vivido eu mesma essa experiência, devo dizer a você, amiga, que estou muito entusiasmada com sua jornada! Até este ponto, você pode ainda não ter se dado conta do que estava perdendo — eu sei porque também não percebi. Mas quando você sente o gostinho de uma vida significativa e cheia de propósito, nada mais vai conseguir satisfazê-la.

Lista de checagem da hospitalidade

Deus não quer ver você sobrecarregada e estressada ao abrir sua casa para as pessoas que ama; nem eu. Por isso, com o objetivo de facilitar ainda mais para você, incluí neste livro minha Lista de Checagem da Hospitalidade. Espero que ela ajude a acabar com qualquer estresse que você tenha e ajude a perceber que ser hospitaleira não é tão difícil. Se fizer seus convidados se sentirem bem-vindos e à vontade, será uma boa anfitriã!

Dicas

• Mantenha sua casa em bom estado. Os convidados não se sentirão bem-vindos se você estiver completamente estressada e envergonhada por causa das condições de sua casa quando chegarem. Dê prioridade a fazer o recolhimento de coisas espalhadas antes de ir para a cama, ou faça isso cedo pela manhã para manter tudo limpinho.
• Mantenha sempre em sua despensa alguns itens de que você possa dispor quando receber alguém: guardanapos, chá, café, água mineral, torradinhas, salgadinhos, batatas fritas, rosquinhas, biscoitos, chá gelado, frutas frescas e assim por diante.
• Tábuas de frios e bandejas de salgadinhos prontas do mercado, da delicatéssen ou da padaria economizam muito tempo que seria gasto em preparação de comida.
• Sempre esteja pronta bem antes do horário marcado para a chegada de seus convidados de maneira a estar tranquila quando eles aparecerem.
• Determine o clima do encontro com boa música e uma iluminação acolhedora, talvez algumas velas.
• Aposte na simplicidade. A parte importante de abrir as portas de sua casa para outras pessoas é aproveitar o tempo juntas e fazê-las se sentirem bem-vindas.
• Se você está recebendo convidados para dormir em sua casa, ofereça-lhes roupas de cama limpas e macias, travesseiros extras e cobertas. Deixar uma pequena cesta perto da cama com itens como uma garrafa de água mineral, máscara para dormir e loção de banho é um gesto simpático. Da mesma forma, não se esque-

ça de fornecer toalhas limpas e produtos para higiene pessoal.
• Faça com que seus animais de estimação se comportem muito bem ou mantenha-os em outro cômodo da casa.
• Tente dar atenção a seus convidados de maneira que se sintam bem-vindos. Procure oferecer seus drinques favoritos. Se trouxerem os filhos pequenos, disponibilize uma cesta com brinquedos ou algo que possa distraí-los.

Como organizar uma festa

• Escolha uma data.
• Defina sua lista de convidados.
• Faça e envie convites (faça isso com duas a seis semanas de antecedência, dependendo do tipo de festa).
• Planeje o cardápio.
• Escolha a temática e a decoração.
• Defina que atividades ou jogos vai querer incluir, se for o caso.
• Faça uma bela faxina um dia antes se a festa for em sua casa, mas não se preocupe em limpar demais os cômodos em que seus convidados não vão circular; concentre-se nas áreas principais em que eles transitarão para se divertir.

Lista de checagem para festas

Ambiente

• Toalha de mesa
• Pratos grandes/pequenos
• Tigelas
• Copos e xícaras para os tipos de bebida que serão servidos

- Guardanapos e toalhas de papel
- Utensílios
- Sacos de lixo
- Fita crepe
- Tesouras
- Caixas térmicas
- Abridor de latas e garrafas
- Extensões elétricas
- Apoio para panelas
- Detergente
- Panos de prato
- Cafeteira
- Repelente/filtro solar (se o evento for ao ar livre)
- Facas
- Balde
- Caixas organizadoras de plástico

Alimentação

- Prato principal
- Pãezinhos
- Saladas
- Molhos/pastas
- Sobremesa
- Bebidas
- Gelo
- Condimentos/temperos
- Sal/pimenta/azeite/vinagre

DIREÇÃO EDITORIAL
Daniele Cajueiro

EDITOR RESPONSÁVEL
Omar Souza

PRODUÇÃO EDITORIAL
Adriana Torres
Júlia Ribeiro
Daniel Dargains

TRADUÇÃO
Aldo Menezes

COPIDESQUE
Alvanisio Damasceno

REVISÃO
Mariana Lucena

PROJETO GRÁFICO DE MIOLO
E DIAGRAMAÇÃO
Adriana Moreno

Este livro foi impresso em 2024,
pela Reproset, para a Novo Céu.